Gregor Sander, geboren 1968 in Schwerin, lebt als freier Autor in Berlin. Für seine Romane und Erzählungen wurde er mehrfach ausgezeichnet. Sein Romandebüt »Abwesend« war für den Deutschen Buchpreis nominiert, sein Roman »Was gewesen wäre« wurde prominent besetzt verfilmt. Bei Penguin ist zuletzt sein Roman »Alles richtig gemacht« erschienen. In »Lenin auf Schalke« nimmt er uns mit dorthin, wo der Westen arm dran ist. Keine Zeche mehr, keine Kokerei und kein Stahlwerk, die Ruhrpottluft dank Arbeitslosigkeit gereinigt und auch Schalke 04 ist inzwischen zweitklassig. Hintersinnig, klug beobachtend und mit humorvollem Ernst erzählt Sander von einem Ort, der in allen Negativstatistiken führt: ärmste Stadt Deutschlands, höchste Arbeitslosigkeit, geringstes Pro-Kopf-Einkommen. Staunend entdeckt Sander eine Welt, die von der alten Bundesrepublik vergessen wurde. Nur ist Gelsenkirchen deshalb wirklich der Osten im Westen?

Lenin auf Schalke in der Presse:

»Das Gute an Gregor Sanders Buch ist, dass es bei aller Tristesse vor Humor und kleinen sprachlichen Preziosen nur so sprüht. … Ein humorvolles Buch für die etwas andere deutsch-deutsche Erinnerungskultur.« *Lesart, Matthias Schümann*

»Er hat eine Antenne für diese verschwundenen Dinge und fragt zurecht, ob sich der Westen seiner Armut schämt, und ob deshalb davon so wenig zu hören und zu sehen ist.«
Deutschlandfunk Kultur, Elke Schlinsog

»Sein chiraler Angriff auf den Westen mündet im hinreißend einfühlsamen Porträt einer völlig abgewrackten Stadt, in einer Mischung aus Hoffnungslosigkeit und Komik, die an Billy Wilder erinnert, aber eine Etage mehr untertreibt.«
Cicero – Magazin für politische Kultur, Sophie Dannenberg

Außerdem von Gregor Sander lieferbar:

Alles richtig gemacht

GREGOR SANDER

LENIN AUF SCHALKE

ROMAN

PENGUIN VERLAG

MIX
Papier | Fördert gute Waldnutzung
FSC® C014496

Klimaneutral*
Druckprodukt
ClimatePartner.com/14044-1912-1001

Penguin Random House Verlagsgruppe FSC® N001967

1. Auflage 2023

in der Penguin Random House Verlagsgruppe GmbH,
Neumarkter Straße 28, 81673 München
Covergestaltung: Favoritbüro
Covermotiv: © Reinaldo Coddou;
© Shutterstock/Dejan Dundjerski
Satz: Leingärtner, Nabburg
Druck und Bindung: GGP Media GmbH, Pößneck
Printed in Germany
ISBN 978-3-328-11017-0

www.penguin-verlag.de

In Langenau im Emmental gab es ein Warenhaus. Das hieß Zur Stadt Paris. Ob das eine Geschichte ist?

Peter Bichsel,
Zur Stadt Paris

LUDWIG ERHARDS ZIGARRE

Irgendwo zwischen Hannover und Bielefeld öffne ich die erste Flasche Bier. Wer sich diese Landschaft da draußen hat einfallen lassen, hatte wirklich keinen guten Tag. Flache Fläche an flacher Fläche, hoch stehendes Getreide, hin und wieder finden sich Bäume zu einem Kleinstwald zusammen. Da nützt auch die Sommersonne nichts, die das alles in ein gleißendes Licht taucht und mir die verlassenen Gebäude der vorbeirauschenden Provinzbahnhöfe als Schlagschatten auf das Gesicht haut. Der ICE *Johannes Rau* rast berechtigterweise mit 189 km/h durch diese Ödnis. Meine Mitreisenden dösen, sehen Filme oder starren in ihre Handys, als wären das schwarze Löcher ins

Universum. Niemand liest, natürlich nicht. »Schriftsteller! Das hat doch keine Zukunft!«, hatte meine Schweriner Großmutter einmal zu mir gesagt und vielleicht hatte sie ja recht. Bröckelndes Gewerbe. Mir reicht es jetzt schon und Schlüppi hat das natürlich geahnt, als er mir beim Abschied am Ostbahnhof in Berlin diese blaue Kühltasche von *Kaufland* in die Hand drückte. Vier Flaschen Bier klirren leise darin, auf Temperatur gehalten von zwei kleinen weinroten gefrorenen Akkus.

»Wirst du brauchen. Du gehst auf keinen Fall in das verschissene Bordrestaurant, Alter. Dann kannste das Geld auch gleich aus Fenster werfen. Wenn du es aufkriegen würdest. Ich habe dir da nur westfälische Biere reingetan. Regionalität ist wichtig, auch im Westen«, sagte er. Ich sah ihn an. Hellwach, groß, drahtig stand er vor mir, wie immer in Jeans und Jeansjacke. Darunter ein strahlend weißes T-Shirt. Schmales, leicht verwittertes Gesicht, Dreitagebart, Pilotenbrille im kurz geschorenen aschblonden Haar und Augen, deren Hellblau manchmal ins Fassadengraue kippt. »Aus Gelsenkirchen gab es kein Bier, also einfach Krombacher, Paderborner, Veltins und Dortmunder Union.«

Ich beginne mit dem Dortmunder und stoße mit meinem Spiegelbild vor vorbeirasender Landschaft auf meine Mission an. So nennt Schlüppi meine Reise nach Gelsenkirchen. »Du musst das endlich in Ordnung bringen«, hatte er vor ein paar Wochen in dieser verhängnisvollen Nacht gesagt und wiederholt es jetzt auf dem Berliner Ostbahnhof. Schlüppi hat bestimmt, dass ich hier abfahre. Im grauen Nirgendwo zwischen East Side Gallery und Karl-Marx-Allee. Am Hauptbahnhof, in diesem Pseudokonsumtempel aus Glas und Stahl, bekomme er Depressionen.

Ich weiß nichts über Gelsenkirchen, außer dass es im Ruhrgebiet liegt, dass es da also Bergbau gab, Kokereien, Stahlwerke. Dass Gelsenkirchen so etwas war wie die Herzkammer der alten Bundesrepublik. Wirtschaftswunderstadt. Ludwig Erhards Zigarre hat nur geglüht, weil dort in tausend Meter Tiefe die Steinkohle aus der Erde gebrochen wurde. Malocherstadt. Schalke 04 kenne ich natürlich auch noch. Diesen verlorenen Fußballverein, der immer von Großem träumt und doch nur wieder im Mittelfeld der Tabelle landet. Königsblau ist bettelarm und wird von einem Hühner- und Schweinemörder aus Gütersloh über Wasser gehalten, der etwa so sympathisch ist wie Hermann Axen aus dem SED-Politbüro. Und die Schalker hassen Dortmund. Aufs Blut. So richtig lecker ist das Dortmunder Union aber auch nicht, auf keinen Fall Champions League, würde ich sagen, und so bereite ich der Flasche ein schnelles Ende und mache mich an die nächste.

Übermäßiger Biergenuss hat mich überhaupt erst in diesen Zug gebracht.

Wir treffen uns einmal im Monat zum Billardspielen und Kickern im Prenzlauer Berg. Schlüppi, ich und der Doktor. Seit 25 Jahren. Wir sind alle ursprünglich aus Schwerin, haben alle mal an der Humboldt-Universität Medizin studiert, doch nur der Doktor hat das durchgehalten und leitet heute eine Klinik für Traumatologie in Moabit. Ich bin der Letzte, der noch in diesem hochgejazzten, durchgentrifizierten Viertel wohnt, sehr zur Freude von Schlüppi, der meint, ich sei so etwas wie ein Ureinwohner, ein Native East German. Weil um mich herum nur Leute aus Stuttgart, Köln, München und Hamburg wohnen. Also vor allem aus den Käffern dazwischen. Aus Tuttlingen, Kaierde, Schüttorf und Beverungen. Die die Dachgeschosse der alten Arbeitermietskasernen mit dem Geld ihrer Eltern gekauft und ausgebaut haben und jetzt irgendwas mit Medien machen. Ich wohne hier auch nur noch, weil ich einen Mietvertrag aus den Neunzigerjahren habe und mein Vermieter angeblich einer der Musiker von Rammstein ist, der am heruntergekommenen Zustand des Hauses nichts ändern möchte, aber eben die Miete auch nicht erhöht.

Der Doktor wohnt in Französisch Buchholz. Das, was Pankow für Berlin ist, ist Französisch

Buchholz für Pankow. Der Rand vom Stadtrand und so schön wie Toskana Chemnitz oder Schwedisch Cottbus. Eigenheim, klar, und Schlüppi wohnt in Weißensee. Oder auch: mal hier, mal da. Gerade aber: Einzimmerwohnung, Hinterhof, Weißensee. Mit Kohleofen. Manchmal glaube ich, seine Wohnungen werden ihm wie Kulissen von Filmteams hergerichtet. Schlüppi ist im Zwischendeck des Mauerfalls hängen geblieben. Er ist noch aus der DDR raus-, aber nie in der BRD angekommen. Beim Finanzamt ist er als Kleinunternehmer gemeldet, aber er arbeitet natürlich auch schwarz, mal hier, mal da. Kauft Autos, schraubt an ihnen herum und verkauft sie dann weiter. Gerne Barkas, Trabant und Wartburg 311. Aber das werde immer schwieriger, jammert er, weil sie kaum noch zu bekommen seien. Genau wie die DDR-Moped-Fraktion. S 51, Habicht, Spatz, Star und natürlich die Schwalbe, die der Westler immer noch am liebsten nimmt, obwohl das im Osten ein Rentnermoped war. Manchmal verkauft er auch Gras an gute Bekannte, aber nur ein bisschen, wie er meint, eigentlich nicht der Rede wert.

Früher haben wir an solchen Billardabenden immer bis zum Morgengrauen gemacht, haben beim Kickern im *Nemo* in der Oderberger Straße hinter dem Mauerpark amerikanischen Touristen das Fell über die Ohren gezogen und sind dann morgens um sechs zu *Konnopke* in die Schönhauser Allee. Diese Curry- und Pommesbude unter dem U-Bahn-Viadukt, die inzwischen in jedem Reiseführer steht. Heute halten wir nicht mal mehr bis ein Uhr durch. Dem Doktor fallen schon vor Mitternacht die Augen zu. Seine Haare sind altersgemäß ausgegangen und auf den Wangen haben sein Übergewicht und der inzwischen eingestellte Bluthochdruck ein paar Äderchen zum Platzen gebracht. Er trägt Brax-Hosen, blau-weiß karierte Hemden und ein weinrotes Sakko darüber.

»So, Männer, ich muss dann mal«, sagt er irgendwann, und wenn er das zum dritten Mal gesagt hat, gehen wir wirklich. Aber noch nicht nach Hause, sondern Schlüppi holt im Späti noch drei Büchsen Bier, und dann stellen wir uns unter die U-Bahn-Gleise vor die geschlossene sogenannte Kultpommesbude. Die ist inzwischen golden, natürlich nicht aus echtem Gold, aber fast sieht es so aus. Damals, vor 25 Jahren, in dieser Zwischenzeit der billigen Mieten und der unendlichen Partys in Berlin, in Schlüppis innerem Vineta also, sind wir um sechs Uhr morgens hierhergewankt. Manchmal sogar der Doktor, obwohl er immer versuchte, sich zu drücken. Da wurde der Laden gerade aufgemacht und brummte von der ersten Minute an. Es roch nach heißem Fett, Zigaretten, Kaffee und Bier. Die U-Bahn rumpelte über uns, die Straßenbahn quietschte Richtung Friedrichshain und die, die arbeiten gingen, trafen sich mit denen, die ins Bett gingen, bei *Konnopke*. Zwei Welten in friedlicher Koexistenz. Ein Morgen in Hackepeterrot und Mayonnaiseweiß. Der Doktor und ich aßen immer eine Curry ungeschnitten, wie sich das für Ostler gehörte, und Schlüppi schlürfte noch eine Tasse Rinderbrühe vorweg. Aus diesem Geschirr mit grünem Rand, das aussah wie aus der Mitropa. Erst dann waren wir bettfein.

Heute macht die goldene Bude um elf Uhr auf und Schlüppi sagt mindestens einmal, während wir an einem der verwaisten runden Stehtische mitten in der Nacht das Büchsenbier schlürfen: »Vielleicht ist die ja doch aus echtem Gold, so viel wie die in den letzten Jahren verdient haben.«

Der Verkehr donnerte zweispurig auf jeder Seite der mit kleinen eckigen Steinen gepflasterten Fußgängerinsel vorbei, und auch wenn die Straßenbahn und die U2 ihren Dienst schon eingestellt hatten, lag so ein Grundbrummen der Stadt zwischen den grünen genieteten Stahlträgern, die das Viadukt tragen. Die laue Mainacht umhüllte uns wie eine dünne Wolldecke, und so standen wir dort und brachten das letzte Bier hinter uns. Die Augenlider des Doktors hingen bereits auf halbmast, ich hatte leichtes Sodbrennen, nur Schlüppi war auf Betriebstemperatur.

»Sander, du musst in den Westen«, sagte er.

Ich lachte: »Was muss ich?«, und die Augenlider des Doktors fielen ganz zu.

Schlüppi zog einen Zettel aus der hinteren Hosentasche und legte ihn vor mich auf den kleinen runden Imbisstisch. »Hier«, sagte er und strich über den verknitterten Internetausdruck.

»Gelsenkirchen – Der Osten im Westen« stand da. Der Rest war zu klein geschrieben, als dass ich das ohne Lesebrille hätte lesen können. Ich nahm einen Schluck Bier und sah vom Zettel in Schlüppis fünfzigjähriges Jungensgesicht. Er heißt so, weil er während seines Dienstes bei der Nationalen Volksarmee eines Morgens nicht aufstehen wollte und zum Spieß sagte: »Ich hab keinen sauberen Schlüppi mehr und muss daher im Bett bleiben.« Das kam nicht so gut an bei seinem Vorgesetzten und den Namen wurde er nie wieder los. In dieser Nacht hatte er seine Pilotenbrille natürlich in den Haaren stecken, wie er die vermutlich auch beim Schlafen dort oben hat. Ich nahm sie ihm vom Kopf und setzte sie mir auf die Nase. Alles um mich herum wurde angenehm dunkel und konturenlos, ich sah aber trotzdem, wie dem Doktor kurz die Knie wegsackten und er sich daraufhin verlegen streckte. »Was zur Hölle soll ich in Gelsenkirchen?«, fragte ich und Schlüppi legte los:

»Die sind in allen Statistiken führend. Also, von hinten. Ärmste Stadt Deutschlands, höchste Arbeitslosigkeit, geringstes Pro-Kopf-Einkommen.« Er sah mich triumphierend an: »16 400 Tacken im Jahr, wirklich nicht viel.«

Ich rülpste und gab zu bedenken: »Mehr hast du doch auch nicht, also offiziell.«

Schlüppi holte sich seine Sonnenbrille zurück auf den Kopf und sagte: »Mensch, Sander, es geht nicht um mich, es geht um Gelsenkirchen. Darum, dass sich das mal jemand angucken muss. Und beschreiben. Einer wie du. Aus dem Osten. Du gehst da hin und schreibst ein Buch drüber!«

»Über Gelsenkirchen?«

»Ja, genau«, sagte Schlüppi und malte mit der rechten Hand eine Überschrift unter das U-Bahn-Viadukt: »Die ärmste Stadt Deutschlands oder: der Osten im Westen!«

»Warum sollte ich das machen?«, fragte ich und Schlüppi schrie fast: »Weil die aus dem Westen uns seit dreißig Jahren ununterbrochen beschreiben, filmen und betrachten. Die haben uns gedreht und gewendet wie die Schnitzel in der Pfanne und immer noch nichts begriffen! Jetzt wird es mal Zeit zurückzugucken. Und das machst du!«

»Das mach ich?«, fragte ich und musste wieder lachen, auch weil mir war, als würde der Doktor eindeutig im Stehen schnarchen.

»Ja, du! Was machst du denn gerade?«

»Ich schreibe einen Roman.«

»Ach, du schreibst immer einen Roman. Egal. Das hat Zeit.«

Er starrte die Schönhauser Allee hinauf, dorthin, wo irgendwo Pankow begann, und noch etwas weiter Französisch Buchholz. Der Doktor hatte sich gegen einen der genieteten grünen Pfeiler gelehnt und schlief nun eindeutig.

»Moritz von Uslar, der ist vor zehn Jahren aus dem *Grill Royal*, aus diesem Steakhaus für Besserverdienende, direkt nach Zehdenick gefahren und hat ein Buch drüber geschrieben. *Deutschboden*. Über die ganzen harten Ostjungs da und ihre Autos und wie die damit nachts rumrasen und so.«

Schlüppi zündete sich eine Zigarette an und schrie fast: »Und jetzt, zehn Jahre später, ist der da schon wieder gewesen. *Deutschboden 2*, Alter, das ist doch nicht zu fassen.«

»Und deswegen schickst du mich aus einer geschlossenen Ostpommesbude in den Westen?«, fragte ich und deutete auf den matt glänzenden goldenen Kiosk.

»Ja, genau«, sagte Schlüppi und strahlte mich an wie ein Scheinwerfer.

»Hast du *Deutschboden* gelesen?«, fragte ich.

»Darum geht es doch gar nicht, Sander. Du und die anderen Ostschreiber, ihr habt ja auch schön mitgesungen am untergegangenen literarischen Osten. Mauerfall hier, Nachwende da.«

Ich zerquetschte die Bierdose und zog die Schultern hoch:

»Ich kann schreiben, was ich will. Die im Westen lesen das immer als Osten. Mein *Ich aber bin hier geboren* spielt in Friesland.«

Aber Schlüppi hörte mir gar nicht zu:

»Ey, es gibt inzwischen ein Buch über die Füße der Menschen aus Marzahn oder den ostdeutschen Mann als Liebhaber. Warum der die bessere Wahl ist. Wir sind gesellschaftlich völlig unterrepräsentiert. Keine Manager, Bankdirektoren, Universitätsdekane oder so was in der Art. Aber dafür sind wir total überbeschrieben. Und im Westen?«

Er deutete noch einmal unter das Viadukt, wo er vorhin die Gelsenkirchen-der-Osten-im-Westen-Überschrift in die Luft gemalt hatte, machte eine dramatische Pause und sagte dann:

»Im Westen nichts Neues, Alter! Da hörst du nichts. Duisburg ist übrigens auf Platz zwei im Armutsranking und dann kommen erst unsere Klassiker. Cottbus, Frankfurt/Oder, Halle und so.«

»Und deswegen soll ich nach Gelsenkirchen?« fragte ich, klaute Schlüppi die Kippe aus der Hand und nahm einen tiefen Zug.

»Genau«, sagte der Doktor und schlug mir auf die Schulter. »Du fährst nach Gelsenkirchen und ich geh. Muss morgen früh raus.«

Jetzt stehe ich auf dem grauen Bahnsteig von Essen Hauptbahnhof. Wer nach Gelsenkirchen will, muss umsteigen. Ich kenne dieses demütigende Gefühl. Wer aus Berlin in die mecklenburgische Landeshauptstadt Schwerin möchte, der muss auch ein Ferkeltaxi nehmen. Spätestens ab Ludwigslust. In diesen ständig röhrend beschleunigenden und quietschend abbremsenden Milchkannenabbummlern bekommt man schon vor der Ankunft das Gefühl, abgehängt zu sein. In Gelsenkirchen hält auch kein ICE. Ich lasse mich auf einen der ausklappbaren Sitze fallen, der eigentlich für Mütter, Rentner oder Versehrte vorgesehen ist, und genau nach neun Minuten spuckt mich dieser langsam rollende Seelenverkäufer schon wieder aus. Ich kann gerade noch das Veltins exen, das vierte aus Schlüppis Hopfen-und-Malz-Quartett. Dann steh ich da auf einem bröckligen Bahnsteig, an dessen Rändern das Unkraut jede Schlacht gewinnt. Nur zwischen den Gleisen nicht. Direkt angrenzend steht ein grünes Ungetüm, das aussieht wie eine Pharmaziefabrik, auf dem aber *Bahnhofspassage* steht. Ein paar Häuser, ein paar Bäume, und zwei Kirchen strecken nah beieinander ihre Türme in die Luft, von denen einer aus Betonschlaufen mit viel Luft dazwischen besteht. Meine Mitreisenden sind längst verschwunden. Kurz zweifele ich, ob die Rolltreppe vielleicht eingerostet ist, aber dann setzt sie sich doch schleppend und knirschend in Bewegung.

Ich gelange in ein flaches fensterloses Zwischendeck und zähle vier gelbe Abfahrtspläne, aber keinen weißen zum Ankommen. Es scheint hier mehr ums Wegkommen zu gehen. Lieber gehen als bleiben. Außer ein paar Pfeilern, die die Decke stützen, gähnt hier die Leere, nur in einer Ecke hocken drei Männer. Auf einer Fotografie, daneben eine reale Bank aus hellem Holz. Ich lasse mich darauffallen und versuche mich zu erinnern, was Schlüppi genau gesagt hat: »Du kannst bei meiner Cousine wohnen.«

Seine sagenumworbene Cousine, die es im Westen als Model geschafft hat. Mit diesem einen Coverfoto, damals, kurz nach dem Mauerfall. Aber warum wohnt die dann hier, im letzten Ort Deutschlands, denke ich, und sehe mir die drei Männer genauer an, die zufrieden nebeneinandersitzen. Der Kohlenstaub hat ihre Gesichter schwarz gefärbt und ihre Augäpfel und Zähne leuchten weiß. Wo wollte mich diese Cousine noch treffen, denke ich. An den drei Bierflaschen? Bei den drei Haselnüssen? Neben den drei Bergmännern? Ich kann mich nicht erinnern, das viele Bier schwappt mir durch das Hirn und ich stolpere weiter hinunter in die eigentliche Bahnhofshalle, was ein großes Wort ist für diesen schmalen Schlauch. Ein Bäcker, ein Rossmann, ein Zeitungsladen. Und überall Bergmänner. An den Wänden, auf den Türen der Schließfächer, unter der Decke. Von überlebensgroß bis handtellerklein. Beim Schuheausziehen, unter Tage mit leuchtender Lampe am Helm, vor einer Lore, auf der steht: »Zeche Graf Bismarck, 1868–1966 – Ich bin der Letzte«. Und die Bergmänner sehen ausnahmslos erledigt aus, zufrieden und glücklich. Es gibt noch eine Ecke, in der ein paar Schalke-Trikots hängen, und von einer Wand erschallt ein grafisches »Glückauf« und die Zeilen des Steigerliedes, so als wollte man mein gesamtes Wissen über Gelsenkirchen bebildern und nun auch noch betexten:

Glück auf, Glück auf! Der Steiger kommt
und er hat sein helles Licht bei der Nacht
und er hat sein helles Licht bei der Nacht
schon angezündt, schon angezündt.

Ein Herbert-Grönemeyer-Tinnitus droht. Ich will hier raus! Es gibt einen rechten und einen linken Weg, ich nehme offensichtlich den falschen, denn statt Schlüppis Cousine taucht eine andere Frau auf. Wieder nur als Poster. Die hat auch Dreck im Gesicht. Das ist allerdings kein Kohlenstaub, sondern so eine Art Schlamm und sie wirbt mit geschlossenen Augen und seligem debilem Lächeln für einen Urlaub im Osnabrücker Land. Dass es das gibt und dass man da Urlaub machen kann, das ist mir beides völlig neu. Doch die Dame belehrt mich: Die Urlaubsregion Osnabrücker Land biete alles, was einen erholsamen Urlaub in Deutschland ausmache. Vier Kurorte, acht Thermen, drei Solequellen. Genug frische Luft, gesundes Wasser, Natur, Sicherheit. Das Osnabrücker Land! Wie mag das wohl aussehen? Die Frau auf dem Foto trägt eine rosa Badekappe, die sehr an eine Unterhose aus den Fünfzigerjahren erinnert. Bekommt man die Gelsenkirchener wirklich mit »genug frischer Luft« und »Sicherheit« in den Urlaub geworben? Ins Osnabrücker Land? Und Sicherheit wovor?

Draußen vor der Tür sieht es allerdings noch trostloser aus. Junge Männer in Shorts, riesigen Turnschuhen und Basecaps stehen rauchend zusammen, und vor dem U-Bahn-Schacht, im Abstand von jeweils zwanzig Metern, sitzen drei alte Frauen im Babuschka-Look auf dem Boden. Buntes Kopftuch, weiße Bluse, schwarzer Rock und jeweils einen leeren Plastikbecher vor sich.

Sie sitzen im Schneidersitz, ihre Füße sind nackt. Der Friseur rechter Hand hat aufgegeben, der Supermarkt etwas weiter bedankt sich bei der treuen Kundschaft, will aber auch nicht mehr. Auf der linken Seite wurde der Busbahnhof eine Etage höher gebaut, sodass unter ihm eine dunkle, höhlenartige Fläche entstanden ist, auf der ein paar Autos stehen. Oder lauern? Es wirkt wie die Kulisse eines Horrorfilms. Ich gehe nicht weiter, kann aber noch ein paar Obdachlose auf einer Pappe erkennen, dort, wo das letzte Tageslicht verschluckt wird. Sie scheinen zu schlafen. Ich drehe mich um und sehe auf den Buchstaben H A U P T B A H N H O F über dem Eingang die längsten Taubenabwehrstacheln, die ich jemals gesehen habe. Eigentlich erwarte ich jeden Moment, dass sich ein abgemagerter Vogel darauf suizidal in den Tod stürzt.

Ich stolpere wieder in das Gebäude, das von den Gelsenkirchenern offensichtlich weniger als Bahnhof, sondern als Tunnel unter den Gleisen genutzt wird, die von außen mit einem metallenen Wulst verdeckt werden. Selbst von unten sind die wuchernden Pflanzen zu sehen.

Schlüppis Cousine steht bei den drei Dröppeleimern, ist mir wieder eingefallen. So hat sie es bezeichnet und da wartet sie wirklich. Vor den Resten des alten Gründerzeitbahnhofs, der hier mutig in den Sechzigerjahren abgerissen wurde und dessen Portal in Teilen in dieses neue Bahnhofmonstrum eingemauert wurde und da nun klebt wie eine an die Wand geworfene steinerne Torte, steht Gabi. Gabriele Wolanski, bekannt als Zonengabi im Glück in Klammern BRD. Dass dieses Glück auch Gelsenkirchen bedeuten kann, war ihr vermutlich nicht klar, als sie sich am 9. November 1989 eine geschälte Gurke in die Hand drücken ließ und das Foto geschossen wurde, von dem sie noch heute lebt, wie sie mir am Telefon versicherte. Sie trägt immer noch oder vielleicht auch schon wieder ein stonewashed Jeanshemd, hat die Miniplilocken aber inzwischen zum Kurzhaarschnitt mit Strähnchen geglättet. Neben ihr stehen drei rote Wischeimer, die mit mehreren schmalen Lappen umlegt sind, in dieser Vorhölle von einer Empfangshalle, und als ich nach der Begrüßung fragend darauf deute, sagt sie mit leicht sächselndem Akzent: »Gab ein Gewitter vorhin. Regnet 'n bisschen durch hier. Im Westen ist auch nicht alles Gold, was glänzt.«

LANDSCHAFT MIT MASERN

Wir gehen spazieren. Zonengabi, ihr Kerl und ich. Mit so tiefem Ernst habe ich das seit Jahren nicht mehr gemacht, aber Gabi meint, das würden die Pottler sehr gern machen. »Die haben ein enges Verhältnis zu ihrer Stadt und der Natur darin.« Wir gehen nebeneinander und ich bin schon froh, dass wir uns dabei nicht an den Händen halten wie die Pioniere oder die Pfadfinder.

Gabi und Ömer, wie ihr Kerl heißt, wohnen in einem der alten Bergmannshäuser in Flöz Dickebank. Was ein Straßenname ist. Ganz früher war das wohl auch mal ein Flöz, natürlich in tausend Metern Tiefe, so eine dicke Schicht Steinkohle, aber daran erinnert sich hier niemand mehr. Zu lange her. Die angrenzende Straße heißt Flöz Sonnenschein, und das wirft nun wirklich Fragen auf, weil die Sonne da unten ja wohl nicht geschienen haben wird.

Gabi hat mich gestern beim Bahnhof hinten rausgebracht durch eine Straße, die nur aus Stein und Beton zu bestehen schien. Ich habe sieben Dönerbuden gezählt, vier Spielkasinos und mindestens fünf Trinkhallen, wie hier im Ruhrpott die Kioske heißen, die aber alle Bude nennen. Das letzte arabische Restaurant hieß *Damaskus Tor* und ähnlich wie in Jerusalem schließt sich hier ein neues Viertel an, denn die folgende breite Straße trennt Gelsenkirchen-Neustadt von Ückendorf, der Heimat von Gabi und Ömer. »Ach, Ückendorf ist so schön«, sagte Gabi gestern. Es beginnt mit einem modernen gelb verklinkerten Betonquader, in dem sich das hiesige Gericht befindet. »Justizpalast« nannte Gabi das ganz ohne Ironie. Der sieht auch aus wie der Präsidentenpalast in einer ehemaligen Sowjetrepublik. Auf der anderen Seite der Bochumer Straße, die uns nach Ückendorf führt, steht ein kleines Haus mit einer leeren Apotheke im Erdgeschoss. »Engel« hieß die mal, was für eine verlassene Apotheke natürlich doppelt poetisch klingt. Das musst du erst mal schaffen. Mit einer Apotheke pleitegehen, dachte ich anerkennend.

Ömer führt uns jetzt auf einen schmalen Asphaltweg, der links und rechts von Bäumen, Brennnesseln und Brombeeren gesäumt ist. Menschen in Funktionskleidung beradeln ihn in beiden Richtungen. Hier führte früher eine kleine Werkseisenbahn von Essen vor zur Erzbahntrasse, die wiederum nach Bochum führte. Heute ist davon nichts mehr zu sehen, nur eben Günther und Hildegard auf ihren Mountainbikes, die figur- und frisurmäßig fast gleich aussehen, Menschen der Kompaktklasse in schwarzer Radlerhose und rosa Shirt. Nur, dass er einen grauen Schnurrbart zwischen Helm und Kinn trägt und ihr über den Lenker zuruft: »Lass mal vorn anne Bude 'n Päusken machen.« Sie ruft »Woll!« zurück und mit einem Zisch sind sie an uns vorbei.

Da öffnet sich plötzlich die Landschaft vor uns und gibt den Blick auf einen Anstieg frei. Fast könnte man schon Berg sagen. Wir biegen ab in den bewaldeten Schotterweg Richtung Gipfel. »Hier gibt es sogar Birken. Fast wie bei euch in Schwerin«, sagt Gabi erfreut und nach ein paar Metern bleibt Ömer am Wegesrand unter dem Blätterdach vor einer Betonplatte stehen. Darin ist ein armlanger metallener Hammer eingelassen, der vor hundert Jahren zum Abbau des schwarzen Goldes benutzt wurde. Eigentlich ist das eher eine dicke Metallstange, oben mit einem geschwungenen Griff und unten mit einem kleinen Meißel. Drum herum wurde schwere Dichtkunst eingemeißelt. Greif zum Hammer, Kumpel:

Narbige Fäuste
Lebendige Klammer
Umspannt den Griff
Am Abbauhammer
Lässt ihn sich in die Kohle fressen
Dröhnend, wie besessen.
Hämmern, Hämmern
Sich ins Leben
Bergmanns Tod
Du Abbauhammer.

»Ja, so«, seufzt Ömer wohlig und geht weiter. Er ist so alt wie ich, etwas größer, und seine grauen Haare waren mal dunkler als meine. Gabi hängt sich bei mir ein und schiebt mich von dieser Betonplatte weg, als habe sie Angst, ich könne etwas Falsches sagen. Ömer ist bergbauinfiziert. Das ist mir gestern Abend schon aufgefallen, als wir uns kennengelernt haben. Natürlich wieder beim Bier – und Raki gab es auch noch. »Eine Geschichte ausdenken, was für ein Beruf«, sagte er, so viel ist mir noch in Erinnerung. Wir saßen in der kleinen Küche in Flöz Dickebank. Diese Häuser wurden am Ende des 19. Jahrhunderts für die Bergmannsfamilien gebaut und sehen aus wie Doppelhäuser. Die aber in der Horizontalen noch einmal geteilt sind. Aus zwei mach also vier, oder ein klassischer Vierspänner, wie Ömer stolz brummte. Die Fassade ist mattgelb, in der Mitte mansardentechnisch angehoben, und jede Wohnung hat einen seitlichen Eingang mit zwei Treppen davor. Drei kleine Zimmer, Küche, Bad. Arbeiterintensivhaltung nannte man die Behausungen in der DDR oder Arbeiterschließfächer, wobei da die Wohnklos eher übereinandergestapelt wurden.

Flöz Dickebank ist im Kreuz angeordnet. Von Norden nach Süden und von Osten nach Westen stehen sich die Häuser gegenüber wie in einer Westernstadt. Nur, dass vor der Tür keine Pferde angebunden sind, sondern Kleinwagen parken. Nach hinten raus grenzen Handtuchgärten aneinander und vereinzelt stehen da noch die Ställe, in denen Schweine, Ziegen und Karnickel gehalten wurden und in denen heute Fahrräder und Rasenmäher auf ihren Einsatz warten. Schalke-Fahnen, Gartenzwerge, Hollywoodschaukeln, Astern und Sonnenblumen, so weit das Auge reicht.

Der Raki schmeckte süß und ölig, während Ömer sagte: »Aber wie willst du dir für deine Bücher einen Türken ausdenken? Wie soll das gehen?« Da fehlten mir auch die Worte, was aber auch an meinem alkoholischen Vorsprung aus Schlüppis Kühltasche gelegen haben könnte.

Ömers Vater kam aus der Türkei, als er siebzehn Jahre alt war. Von der Schwarzmeerküste. Dort war er auf das Gymnasium gegangen, weil aber die Aussichten in Samsun und Umgebung wenig rosig waren, wurde er 1961 in Istanbul von deutschen Ärzten zur Einstellung untersucht.

»Wenn du dir alte Filmaufnahmen anguckst, wie unsere Leute da halb nackt gewogen und betrachtet wurden, dann ist das Wort ›Viehmarkt‹ wohl die freundlichste Umschreibung. Einige dieser Ärzte haben vermutlich schon Dienst an der KZ-Rampe getan. Die haben denen die Zähne auseinandergebogen, die Muskeln vermessen und die Eier abgetastet«, sagte Ömer, kippte den Raki, wischte sich über den grauen Schnäuzer und sah mich an, als wäre ich einer dieser Ärzte gewesen.

Gabi zog die Schultern hoch und sagte: »Das ist natürlich nicht so schön.«

»Mein Vater war leider nicht der einmillionste Gastarbeiter der zu diesem Anlass ein Moped geschenkt bekam. Er stand auch nicht direkt vor oder nach dem einmillionsten Gastarbeiter in der Reihe. Keine Wochenschau hat über ihn berichtet, kein Artikel wurde über ihn geschrieben, kein Foto von ihm geschossen. Sie machten ihn zum Knappenlehrling, und er landete achthundert Meter tief in der Erde, wo es so laut war, dass er sein eigenes Wort nicht verstanden hat. Vom Dreck, der Hitze und der Feuchtigkeit wollen wir gar nicht reden. Oder von der ständigen Angst, dass alles über ihm zusammenbrechen könnte. Die Worte der anderen konnte er auch über der Erde nicht verstehen. Kannst du dir das vorstellen, Kevin?«, fragte mich Ömer und sah mich an.

Hat er gerade ›Kevin‹ gesagt?, dachte ich und beschloss, diesmal fünfe gerade sein zu lassen, wobei die fünfe an diesem Abend vermutlich eher neune waren.

Der Waldweg, der sich um den Berg legt wie eine Girlande, endet abrupt und gibt den Blick frei auf eine einwandfreie Mondlandschaft. Gabi und Ömer bleiben stehen, als wollten sie mir die Möglichkeit geben, diesen Anblick besonders zu bestaunen. Die Kuppe dieses Berges ist kahl. Grober, fast schwarzer Sand aufgeschichtet zu einem abgeplatteten Kegel. Auf dem dann ein im Durchmesser etwas kleinerer runder Hügel thront. Wie ein Schokoladenpudding. Den ziert wiederum eine Skulptur, die aus aufeinandergeschichteten Betonplatten besteht, noch viel größer als die, die am Wegesrand stand. Wie eine Miniaturmayapyramide. Senkrecht und waagerecht aufgeschichtet und die letzten drei ganz oben ergeben ein Tor.

»Die Himmelsleiter«, seufzt Gabi und sagt, dass diese Platten alle aus den geschlossenen Stahlwerken Gelsenkirchens stammen. Industriereste-verwertungskunst. Gestern noch unterm Hochofen und heute die Himmelsleiter für Arbeitslose. Eigentlich ein geniales Konzept.

»Nun guck dir das an«, sagt Ömer und deutet in die Weite. »Ist dat nich schön?«

Ehrlich gesagt, nein, denke ich, tue aber so, als würde mich dieses Durcheinander von Häusern, Bäumen, bemoosten Kirchtürmen und leeren Schulhöfen unter uns zumindest interessieren.

Stadt bis zum Horizont in alle Richtungen. Ruhrgebiet. Diesig blauer Himmel darüber. Ich zähle acht Kohlekraftwerke, zehn Windräder und bestimmt elf Stadien. Sogar die Arena von Schalke 04 ist zu sehen. Die können ihr Dach schließen, deshalb nennen die Dortmunder das Ding »die Turnhalle«, aber das sage ich lieber nicht, weil der Gelsenkirchener bei Schalke 04 keinen Spaß versteht, wie mich Gabi gestern noch einmal eindringlich warnte. Die hätten alle 'ne Schalke-Macke.

In diesem Siedlungsdurcheinander tauchen immer wieder so Mondhügel auf wie unserer, Hügel, die aussehen, als hätte die Gegend die Masern, aber das behalte ich auch lieber für mich. Um mich überhaupt zu äußern in dieser feierlichen

Stille, frage ich, was das denn nun für Berge seien, und Ömer atmet tief ein und lange aus.

»Abraumhalden!« Das, was aus der Erde herausgeholt wurde, um an die Kohle zu kommen, hat man hier also ordentlich aufgeschichtet zu solchen Bergen.

»Als Touristenattraktion«, sagt Gabi, ohne mit der Wimper zu zucken. »Man kann hier hochgehen und runtergucken.«

Ömer nickt und lässt seinen Blick schweifen wie ein Feldherr. »Wir sind auf Rheinelbe Süd und da«, er deutet in die Ferne, »da ist Rungenberg und weiter hinten ist Halde Oberscholven, die höchste im Ruhrgebiet.« 137 stolze Meter. Dafür ohne Himmelstreppe. Dann zählt er die Zechen von Gelsenkirchen auf wie ein Gedicht und Gabi wiegt dabei sanft die Hüften: »Hibernia, Dahlbusch, Holland, Rheinelbe, Alma, Wilhelmine Victoria, Consolidation, Nordstern, Graf Bismarck, Hugo, Ewald, Bergmannsglück, Westerholt und Scholven.«

»Hm«, sage ich. »Aber die sind doch alle dicht, oder? Schicht im Schacht?«

»Schon lange«, sagt Ömer und winkt ab.

»Aber die Abraumhalden habt ihr aufgehoben.«

»Für zum Runtergucken«, sagt Ömer.

»Aber warum?«, frage ich.

»Na, wegen der Tradition, und weil es so schön

ist, hier zu stehen und an all die Kohle zu denken, die Bergmänner da unten und alles und alles«, sagt Gabi. »Und wegen der Touristen.«

Ohne mich anzusehen deutet Ömer nach Süden auf einen breiten metallenen Galgen mit großem Schwungrad. »Da siehste den grünen Förderturm vor dem Bergbaumuseum in Bochum. Der im Westen ist der Doppelbock von Zollverein in Essen und hier bei uns der Turm von Consolidation in Bismarck. Der steht auch noch.«

Dafür, dass sie bei uns alles abgerissen haben, was nach DDR aussah, die Spannbetonschwimmhallen, Kaufhallen mit prima Asbestwelldach oder den Palast der Republik in Berlin, waren sie hier aber mit dem Aufbewahren ziemlich großzügig. Den letzten Satz muss ich wohl laut gesagt haben, denn Gabi drückt mich schon wieder am Arm und sagt: »Die haben ja hier sonst auch nichts.«

Die Sonne brennt und ein staubiger Wind weht durch die Platten der Himmelstreppen. Außer uns ist hier oben noch eine vierköpfige Familie, die Fotos von sich und der Leere macht. Sonst ist niemand zu sehen.

VERSUCH, EINE MENTALITÄT ZU VERSTEHEN

Im Ruhrpott seien alle so nett, sagte mir Gabi. »Harte Schale, aber ganz weicher Kern, fast wie im Osten!«

Ömer brummte, dass sie Freundlichkeit mit Unterwürfigkeit verwechsele. Hier und im Osten.

»Aber ihr Türken seid auch so nett und helft euch ständig untereinander! Als dein Neffe umgezogen ist, waren sofort alle da. Wie in der DDR«, erwiderte Gabi, jetzt mit sächsisch zitternder Stimme.

Ömer holte tief Luft und antwortete, dass das noch einmal eine ganz andere Geschichte sei und er sowieso kein Türke und es sowohl in Ostdeutschland als auch in Anatolien Ecken gebe, wo er lieber nicht hinmöchte. Dann verschwand er Richtung Arbeit. Er hat die Trinkhalle seines Vaters übernommen, die der wie viele Bergarbeiter betrieb, als er nicht mehr auf Zeche war. »Als er völlig kaputt und im Arsch war von eurer Scheißkohle. Ende der Siebziger«, sagte Ömer. »Da war er der erste Osmane in der Gegend, der sonne Bude betrieben hat.«

Gabi ist auch auf dem Sprung. Zum Friseur. Sie lässt sich eine neue Minipli machen, weil sie am Wochenende in der Bundestagsfraktion der FDP auftritt. »Da muss das natürlich sitzen«, sagt sie strahlend. »Die haben genaue Vorstellungen von Zonengabi. Die wissen ja kaum noch, wie eine Frau aussieht, von einer Ostdeutschen ganz zu schweigen.« Als ich betreten nicke, zwickt sie mich in die Wange: »Bei vielen von denen hing ich während des Studiums in der WG-Küche. Da bin ich ein Star, das zahlt sich aus.«

Ich liege im Bett bis zum späten Nachmittag, was will man von einem Schriftsteller auch anderes erwarten. Das gehört zur Berufsbeschreibung. Es ist still in der Mansarde unterm Bergarbeiterdach. Im Garten gegenüber bläht sich müde eine Schalke-Fahne und eine deutsche Hausfrau mit Kopftuch kämpft vornübergebeugt gegen das Unkraut an. Vielleicht pflanzt sie aber auch welches.

Ich habe mir auf meiner Besuchercouch den ersten für Netflix produzierten deutschen Film angesehen und bin noch ganz hohl von so viel Stumpfsinn. *Isi & Ossi*. Ein Liebesfilm, immerhin kein Krimi. Warum gucken alle in diesem übersicherten Land so gern Mord und Totschlag im TV? Egal. Die erste deutsche Netflix-Geschichte geht so: Isi ist eine Millionärstochter aus Heidelberg, die in einem Schloss wohnt und davon träumt, einen Kochkurs in New York zu machen. Klar, kennt man ja, so Probleme mit dem Nachwuchs. So sieht's eben aus im Westen. Aber Isi verliebt sich gegen den millionärselterlichen Rat in Ossi und das ist ein armer Schlucker aus dem benachbarten Mannheim. Schon mal gar keine schlechte Idee, denn was Armut angeht, da kann die Stadt am Rhein schon mit den Perlen des Ruhrgebiets mithalten. Aber Ossi ist, wie sein Name brüllt, eben auch aus dem Osten Deutschlands. Weil Mutti damals rübergemacht hat. Außerdem ist er nicht das hellste Licht auf der Torte, was sicher daher kommt, dass er boxt. Und boxen können sie ja, die Ostbacken. Siehe Henry Maske, Axel Schulz und so weiter.

Während ich aus dem Fenster gucke und schräg gegenüber in der Bochumer Straße einen Großvater sehe, der auf der kleinen Treppe vor dem Mietshaus sitzend dem Dreijährigen auf seinem

Schoß unter dem Gelächter seiner Großväterkumpel einen Schluck Bier einflößt, frage ich mich, ob sich der Westen seiner Armen schämt. Ob davon deshalb so wenig zu sehen und zu hören ist. Ganz abgesehen von diesem *Isi & Ossi*-Blödsinn auf Netflix spielen ja auch die westdeutschen Autorenfilme, die nicht im ehemaligen DDR-Gebiet oder in Berlin verortet sind, sehr häufig in nicht näher definierten Stadtrandbungalows mit gepflegtem Garten. Die Hautfarbe ist hell, und ob das nun Stuttgart ist oder Hannover, das ist oft nicht so genau auszumachen. Das größte Problem ist meistens, dass Mutti wieder ihre Antidepressiva nicht nimmt. Die wird dann aber doch von Corinna Harfouch gespielt, weil Schauspiel, das können sie ja auch, die Zonenbrüder und Zonenschwestern. Siehe Charly Hübner, Sandra Hüller und so weiter. Warum ist nie einer von uns über die Elbe gegangen, um das Leben der anderen zu filmen?

Ich gehe runter auf die leere sommerliche Straße. Flöz Dickebank. In Wim Wenders *Alice in den Städten* steht Rüdiger Vogler vor so einem Zechenhaus in Gelsenkirchen auf der Suche nach der Omma der kleinen Alice. Das war 1974 und die Stadt war schon damals keine Schönheit. Die Omma auch nicht. Es war aber sowieso die falsche und so fuhren die beiden weiter nach Wuppertal. Der Film war nur auf Kurzbesuch in der

Stadt. Eine Hauptrolle war nicht drin. Ich kann mich an keinen Kinofilm erinnern, in dem Gelsenkirchen seitdem in Erscheinung getreten ist.

Der Wind fährt leise durch den runden Blätterkopf der Linde vor der Tür. Der Putz der Fassade bröckelt malerisch im Nachmittagslicht. Es gibt einen Dokumentarfilm über dieses Viertel aus den Siebzigerjahren. *Flöz Dickebank. Wir sind langsam wach geworden.* Damals wollte die Stadt die Bergmannssiedlung abreißen, um hier Hochhäuser zu errichten. Zwölfgeschosser. Aber die Kumpel und ihre Frauen wehrten sich. In schwarz-weißen Bildern erzählen sie von ihrem Zuhause und wie schön alles sei, dass man sich im kleinen Garten hinterm Haus von der schweren Arbeit erholen könne und dass sie hier die Wege selbst gepflastert hätten und den Taubenschlag mit eigenen Händen gebaut. Diese Häuser gehörten ihnen, daran lassen sie keinen Zweifel, auch wenn die Besitzer die Rheinisch-Westfälische Wohnstätten AG war. Das erinnert schwer an die DDR, wo die eigenen vier Wände auch mit privatem Geld verschönert wurden, obwohl sie dem Staat gehörten. Die Häuser der Dickebank sind heute im Besitz einer Immobilienfirma, die seit Jahren versucht, sie zu verkaufen. Mehr oder wenig erfolgreich.

»Und wie viel türkische Bergleute haste im Film gezählt?«, fragte mich Ömer, als ich ihm davon erzählte. Er lachte statt meiner und sagte, ohne eine Antwort abzuwarten: »Na ja, es gab ja hier in der schicken Dickebank auch keine. Meine Leute wohnten in den Mietskasernen in Rotthausen.« Er ließ sich in den Sessel seines Vaters fallen, ploppte eine Bierflasche auf, trank einen langen Zug: »Klar haben die unter Tage zusammengehalten. Du musstest dich auf deinen Nebenmann verlassen, aus Selbstschutz, sonst fiel dir eben die Decke auf den Kopf und dann ...« Er schlug sich mit der Bierflasche in die leere Hand und zerquetschte darin ein paar imaginierte Kumpel. »Aber wenn sie wieder oben waren, dann haben die Kartoffeln meinem Vater und seinen Landsleuten die Unterhosen beim Duschen runtergezogen, weil die natürlich nicht nackt duschen wollten. So sah es aus auf Dahlbusch und überall. Die haben zusammen gearbeitet und vielleicht manchmal noch zusammen gesoffen, wenn Ali denn gesoffen hat. Mehr nicht.« Er sieht mich an und ich weiß nicht, was ich sagen soll, dann sagt er nachdenklich: »Mein Vater hat die immer verteidigt. Immer. Es gab kein böses Wort gegen einen anderen Bergmann.«

Auf der Landkarte sehen die Umrisse von Gelsenkirchen aus wie ein Pantoffeltierchen ohne Wimpern oder wie die eines Kohlebriketts. Lang und schmal zieht sich die Stadt von Norden nach

Süden. Gabi sagte mir, dass ich nicht in den Norden zu fahren brauche, weil der Norden ist Buer, und da leben die feinen Leute. »Alles, was arm ist, was echt ist und Gelsen, das ist hier unten.« Gelsen, so nennen die Eingeborenen ihre Stadt und auch Gabis Stimme schmolz beim Benutzen dieser Abkürzung wie das Erz im Hüttenfeuer. Und hier unten meint Ückendorf und Rotthausen, Alt- und Neustadt, Bulmke-Hüllen, Bismarck und Schalke. Gabi stach mit dem Zeigefinger in die durch Arbeitslosigkeit gereinigte Ruhrgebietsluft: »Manuel Neuer hat mal gesagt, Buer, das ist das Monaco von Gelsenkirchen.« Auch wenn der gebürtige Buerer und mehrfache Welttorhüter natürlich inzwischen längst im piekfeinen München gegen den Ball tritt, hat sein Wort hier noch Gewicht. Aber Monaco will trotzdem keiner.

»Reich und langweilig!«, assistierte der im Hintergrund frühstückende Ömer.

Ich habe das natürlich überprüft, knallhart recherchiert und bin mit der Straßenbahn nach Buer gefahren. Die beiden haben recht. Es gibt da ein schmuckes Rathaus, eine stinknormale Einkaufsstraße, und in einem Bistro habe ich Salat mit warmem Ziegenkäse gegessen. Das hätte auch Gerlingen bei Stuttgart oder Pinneberg bei Hamburg sein können. Gediegene westdeutsche Mittelklassenlangeweile.

Ich habe jetzt Hunger und gehe Richtung Ückendorfer Straße, als am Straßenrand eine Frau steht, die aussieht wie meine Großmutter in der DDR der Achtzigerjahre. Mit einer Kittelschürze in verwaschenen Rottönen, auseinanderfallenden wachsfarbenen Locken und ganz heutigen hellblauen Adidas-Turnschuhen. Sie steht vor der verblühten Fassade eines der mattgelben Häuser, kurz vor dem Ende der Zechensiedlung, und sieht vor ihre Füße, als würde sie etwas suchen oder auf einen Auftritt warten. Als ich sie fast erreicht habe, sagt sie: »Hab ich mich erschrocken!«

»Vor mir?«, frage ich zurück und sie antwortet: »Ne, vor deinem Schatten.«

Ich finde, so etwas kann man zu einem Schriftsteller spätestens seit Peter Schlemihl nicht mehr sagen, aber die Dame weiß natürlich nicht, welcher Profession ich nachgehe, und so sage ich: »Das tut mir leid« und sie erwidert lachend, aber immer noch auf den Boden guckend: »Kannste ja nix für.«

Ich bin so perplex, dass ich vergessen habe zu fragen, wo man hier was essen kann. Die Ückendorfer Straße und die Bochumer Straße laufen im Abstand von dreihundert Metern wie zwei Hauptschlagadern in Nord-Süd-Richtung durch das Viertel, wobei die Bochumer irgendwann einen Bogen macht und auf die Ückendorfer Straße zuläuft. Die dann statt ihrer in ebendiese namensgebende Stadt führt. Man muss nur unter einer Brücke durch, die sie malerisch heruntergekommen überspannt, und schon steht man in Bochum, was hier allerdings genauso aussieht wie Gelsenkirchen. Beidseitig der Straße, deren Belag man als schorfig bezeichnen kann, vier- bis fünfstöckige Häuser aus der Gründerzeit, mit einer Straße dazwischen. Die Gegend will gar nicht Bochum sein und besteht auf Wattenscheid, aber das ist eine andere Geschichte.

Weiter nördlich stehe ich vor dem *Ückendorfer Hof*. Eine Eckkneipe, Bierstube mit Gesellschaftszimmer, was immer das auch heißt. Ich werde es nicht herauskriegen, denn der Rollladen vor der Eingangstür ist seit Jahren schon heruntergelassen. Der untere Teil ist aufgebrochen. Es wirkt, als wäre die Seele aus dieser Kneipe entwichen, was ein bitteres Bild ist. An anderer Stelle habe ich im Fenster ein Schild gelesen, auf dem stand: »Nach zehn Jahren schließen wir die Gaststätte am 25.4.2014 und bedanken uns bei den Gästen für die jahrelange Treue.« Das ist sechs Jahre her und die Stühle stehen immer noch auf den Tischen. Offensichtlich ist es keine gute Zeit für die Kneipen in Gelsen.

»Was mache ich, wenn mir die Leute leidtun?«, habe ich Schlüppi vor der goldenen *Konnopke-*

Currybude gefragt, und der packte mich bei den Schultern und schüttelte mich: »Dann denkst du nur an die Treuhand. Wie die bei uns alles dichtgemacht haben, bis nichts mehr da war.« Er reckte die linke Faust in den Berliner Nachthimmel und schrie: »Dann sagst du dreimal: Treuhand, Treuhand, Treuhand!«

Fleischereien haben es in Ückendorf auch schwer. Die in der Bochumer Straße trägt die Lamellenrollos für immer wortlos geschlossen, wie Lider über toten Augen, und die Fleischerei Wacker in der Ückendorfer Straße mit Frühstück, Mittagstisch und Partyservice ist ebenfalls geschlossen und das seit zwei Jahren. Im Schaufenster baumelt eine Tafel, auf die von Hand geschrieben wurde: »Die Wurst ist alle«.

»Treuhand«, schluchze ich vor mich hin. »Treuhand, Treuhand.«

Gabi meint, dass es in Gelsen eben besser ist, wenn die Wurst halal sei, aber den Imbiss an der Ecke zum Flöz Sonnenschein hat das Schweinefleisch noch nicht in den Ruin getrieben.

Er heißt pflichtschuldig *Zur scharfen Ecke* und es gibt hier natürlich diese Wabbelwurst mit roter Soße und manch anderes frittierte tote Tier. An dieser Stelle muss ich grundsätzlich werden, denn warum ganz Deutschland feuchte Augen bekommt, wenn es um die Currywurst geht, ist mir wirklich noch nie aufgegangen. Klar, wenn ich einen im Tee habe oder mit Schlüppi bei *Konnopke* stehe, dann habe ich so ein Ding auch schon mal gegessen. Aber von Geschmack brauchen wir doch da wohl nicht zu reden. Die Hamburger und die Berliner streiten sich, wer diesen kulinarischen GAU als Erstes ins heiße Fett gelegt hat. Es gibt ganze Romane darüber, den Grönemeyer-Hit, und natürlich sind sie sich im Ruhrpott ganz sicher, dass sie diese Hinrichtung mit roter Soße erfunden haben.

Hinter einem gläsernen Tresen, der den Blick auf noch ungebratene Tierteile in geometrischen Formen freigibt, die absolut unnatürlich aussehen, in paniertem und eingelegtem Zustand, wirbelt eine Frau, die offensichtlich keine große Lust auf ein Gespräch verspürt. Es riecht nach derbem Fett und die Dame im weißen Kittel, mit rotem Stirnband um ihre noch röteren Haare, erklärt mir auf die Frage, was denn das Besondere an ihrer Currywurst sei: »Dass es zwei für 3,60 Euro gibt!« Ich aber weiß schon: Der Clou im Pott ist, dass die Wurst mit der Schere in Scheiben geschnitten wird, und diese Schere liegt so fettig glänzend auf dem Tresen, dass ich beschließe, nie wieder eine Currywurst zu essen und heute damit anzufangen.

Ich schlendere weiter und es gibt alles Mögliche, was für immer geschlossen hat. Jedes zweite

Ladengeschäft ist verrammelt. Ein Wettbüro, eine Versicherungsvertretung, ein Bräunungscenter. Eine Spielhalle, ein Bekleidungsgeschäft, ein Optiker. So sah es in Schwerin Anfang der Neunzigerjahre aus, als die Menschen mit der neuen D-Mark lieber nach Hamburg oder Lübeck zum Shoppen fuhren, als darauf zu warten, dass die schöne neue Warenwelt in die ehemals volkseigenen Geschäfte einzog. Bei denen gingen dann nach und nach die Lichter aus. Gabi sagt, dass man hier nach Essen zum Einkaufen fährt, nach Oberhausen oder eben doch heimlich nach Gelsenkirchen-Buer. Außerdem fehle vielen einfach das Geld, um damit mehr zu kaufen, als es bei ALDI gibt. So erkennt man inzwischen bei einigen Ückendorfer Läden nicht einmal mehr, was genau sie mal verkauft haben. Selbst ein Geschäft für Registrierkassen hat dichtgemacht, was nicht verwundert, denn wer braucht die hier noch? In einem der Ladenfenster hängt offensichtlich schon seit Jahren ein Schild, auf dem »ZUR Mieten« steht, aber auch die Umgehung der Grammatik hat niemanden hinter die mit Folie verklebten Scheiben gelockt. Und kein Restaurant, nirgends. Nichts, was einen Imbiss überträfe.

Dafür liegt reichlich Müll auf den Straßen, den außer mir niemand mehr zu bemerken scheint. Computerbildschirme, Matratzen, Koffer und kaputte Kommoden. Ganze Schränke. Manchmal ordentlich gestapelt vor der Haustür, aber häufiger mitten auf dem Bürgersteig. In einem kleinen Vorgarten liegt ein alter Kronleuchter, als wäre er vom Himmel gefallen.

Die Stadterneuerungsgesellschaft wirbt auf einem Plakat: »Wir schaffen neuen Wohnraum für Studenten, Kreative, First Mover im Kreativquartier Ückendorf.« Das Haus, an dem es hängt, sieht schlimmer aus als eines im Prenzlauer Berg im Jahr 1989. Nur eben mit Graffiti besprüht, und wenn deine letzte Hoffnung Künstler sind, die du auch noch anlocken musst, dann bist du wirklich im Eimer.

Ömer hat mir vor seinem Bergmannsheim sitzend erklärt, dass Ückendorf früher alles hatte. Ein Gusseisenwerk, von dem nur noch das Verwaltungsgebäude steht, mehrere Zechen und sogar eine Brauerei. »Das war zwar ein Schädelbier, aber getrunken haben das trotzdem alle.« Denn die Stadt der tausend Feuer, wie Gelsenkirchen genannt wurde, weil die vielen Kokereien ihr überschüssiges Gas einfach abfackelten, war auch die Stadt der tausend Kneipen und die Bergmänner und Stahlarbeiter soffen sich ganz gern von Zeche nach zuhause. Von Kneipe zu Kneipe.

Davon ist nicht mehr viel übrig. Von allem. Auf dem Gelände des Gusseisenwerkes gibt es heute einen kleinen gläsernen Wissenschaftspark. »Die forschen über Arbeit, glaube ich«, erklärte mir Gabi und meinte das kein bisschen ironisch.

Ich gehe noch einmal die Straße Flöz Sonnenschein quer. Von der Ückendorfer Straße zur Bochumer und ziehe nun meinen Schatten gefahrlos hinter mir her. Es gibt hier drei Kneipen. Die eine heißt *Ambiente* und wird laut Ömer von Portugiesen betrieben.

»Quatsch«, sagt Gabi. »Das sind Kroaten.« In einem großen Raum mit Daddelautomaten und Dartscheiben an den Wänden und einem Billardtisch im Zentrum sitzen sechs alte Männer um einen Tisch und spielen Karten. Einer von ihnen trägt wirklich ein baumwollenes weißes Unterhemd, und als ich nach Speisen frage, schütteln die sechs zeitgleich den Kopf und der mit dem Unterhemd deutet mit der Hand die Straße hinunter.

Was mich zur prächtigen Eckkneipe *Flöz Sonnenschein* führt. Die interessiert mich schon seit Tagen, denn davor auf einem der kleinen runden Tische steht so ein rechteckiger durchsichtiger Plastebehälter, in dem handelsüblich Kartoffelsalat verkauft wird. Jeden Morgen wird er mit frischem klarem Leitungswasser gefüllt und jeden Abend schwimmen darin unzählige Zigaretten und das Wasser ist schwärzer als der Tod. Den

Rauchern werden so die Folgen ihrer Sucht noch einmal bildlich erklärt, aber ich bin nicht sicher, ob diese Form der schwarzen Pädagogik fruchtet.

Diese Kneipe hätte auch Platz für wenigstens hundert Feuerwassertrinker. Am Tresen stehen allerdings nur vier. Die sind schon ganz schön angegangen, werden aber trotzdem von der Frau mit den lackschwarzen schulterlangen Haaren mit einer Haltung bedient, die ich zuvorkommend nennen würde. Aus dem Radio über den Biergläsern dudeln Schlager. *Dein ist mein ganzes Herz* und *Junge, komm bald wieder*, aber die Jungs wollen gar nicht gehen und sie sind auch nicht allein. Denn in einer der Ecken döst auch eine Trinkerin vor sich hin, die an den Tresen kommt, als ich mich da hinhocke und ein Bier bestelle.

»Ich bin Ückendorferin. Hier geboren«, sagt sie ohne Scheiß und ich gucke in ihr müdes Gesicht, das sich kurz aufhellt, als ich sage, dass ich aus Berlin komme. Aber dann sagt sie aus irgendeinem Grund: »Glaube ich nicht«, zeigt an mir vorbei und auf einen, der auf dem Tresen lehnt. Eine der Kegellampen aus falschem Marmor lässt seine Glatze über dem Haarkranz leuchten. Auch er ist bestimmt siebzig und sieht eigentlich ganz gebügelt aus. Jeans, grünes Polohemd und um den linken Arm trägt er eine Quarzuhr wie aus den Achtzigerjahren. Mit schwerer Zunge versucht er das Gespräch mit seinem Nebenmann am Laufen zu halten, von dem wohl nur die beiden wirklich wissen, wann es begann und worum es geht. Da faucht die Frau neben mir petzerisch: »Der Micha ist schon seit heute Morgen hier.« Die Frau hinterm Tresen nimmt noch mehr Haltung an und antwortet über den Zapfhahn: »Den Micha, den liebe ich.« Der guckt erst ein bisschen traurig, dann ganz glücklich und ordert noch ein Bier.

Draußen vor der Tür hat die tief stehende Abendsonne den ganzen Flöz Sonnenschein verschattet. Im Fenster neben der Kneipe liegt ein alter Mann auf einem Kissen. Er hat buschige Augenbrauen und trägt eine eckige Sechzigerjahre-Brille. »Die Bergmänner hingen früher in den Fenstern, weil sie kaum noch Luft in ihre Staublungen bekommen haben«, hat mir Ömer erzählt, und wenn einer »weg vom Fenster war«, dann war er eben tot. Bei diesem Gedanken nicke ich vor Schreck dem Alten zu, aber er blickt über mich hinweg, obwohl ich der Einzige bin, der auf der Straße ist.

An der Ecke Bochumer Straße, neben einem riesigen Brombeerbusch, in dem ein alter weißer Kühlschrank kopfüber liegt, als wäre er da selber reingesprungen, gibt es eine Bar, die in Berlin Mitte stehen könnte. *Trinkhalle am Flöz* heißt die, und sie hat mit den echten Trinkhallen, die ja nichts weiter sind als Kioske, absolut nichts zu tun. Aber sie sieht sehr cool aus, das muss man ihr lassen. Trödelmarktsessel vor Nierentischen, neben Bistrostühlen auf Stäbchenparkett. Ein weißer Kickertisch wird vom eher jungen Publikum umkreist. Hinter dem Tresen aus edlem hellem Holz steht einer mit 'ner Pudelmütze ohne Bommel, poliert die Gläser und erklärt mir im schönsten Hipsterslang, dass man sich ja selbst in der Sterneküche einig wäre, dass es zum Dreigängemenü nicht unbedingt einen edlen Rotwein bräuchte. Daher wären die Kühlschränke mit hundert verschiedenen Sorten Bier gefüllt.

Auf die Frage, ob ich denn bei ihm zum Gerstensaft etwas zu essen bekommen könnte, antwortet der Mann mit der Mütze: »Ich geh davon aus, dass du nicht von Erdnüssen oder Kartoffelchips sprichst.« »Nein«, sage ich müde. Er reibt sich das Kinn und sagt: »Dann geh doch in den *Rhodosgrill* um die Ecke. Das Souflaki dort ist sehr ordentlich. Und dann kommst du wieder her und erhältst von mir einen Porzellanteller mit Metallbesteck, und ich serviere dir ein schönes Bier dazu.«

Was mich erst einmal sprachlos macht, lässt Zonengabi später vor Rührung beben und sagen: »Typisch Ruhrgebiet, typisch Gelsen.«

Ich laufe also die Bochumer Straße hinunter, komme zuerst am Bistro *Ellas* vorbei, das schon so lange geschlossen sein muss, dass es unmöglich irgendwann mal auf gewesen sein kann. Aber ein paar Türen weiter bestelle ich dann tatsächlich ein Souflaki in einem griechischen Imbiss und warte unter Bildern von der Akropolis und Anthony Quinn als Alexis Sorbas auf dessen Fertigstellung. Es ist voll. Es ist warm. Es riecht nach Knoblauch und Pommes. Mit mir warten Polizistinnen, Studenten und ein paar Fußballer in roten Trainingsanzügen auf ihre in Styropor verpackten Salate, Nudeln mit Metaxa-Sauce oder halben Hähnchen mit Pommes. Draußen vor der Tür wird beim Warten geraucht und im Fernsehen läuft tonlos Folkpop vor der Kulisse griechischer Inseln.

Plötzlich springt die Tür auf und ein Rentnerpaar betritt den Raum. Er in einer nur unter dem sich wölbenden Bauch geschlossenen beigen Windjacke mit farblich dazu passenden Tretern, sie in einem hellgrünen Jogginganzug. Die Augen hinter ihrer großen Hornbrille liegen tief und sehen müde aus oder einfach hungrig, denn ihr Mann fährt, kaum angekommen, den Zeigefinger aus und brüllt: »Wir warten seit Stunden auf unser Essen. Wir haben um fünf bestellt und jetzt ist es halb acht. Wann liefert ihr denn, hä? Wir bestellen bei euch jede Woche, verdammt noch mal.« Es wird still im *Rhodosgrill,* die Polizistinnen sehen von ihren Handys auf und die Fußballer feixen.

Für Sekunden ist es so ruhig, dass man das Fett, in dem auch mein Souflaki brutzelt, für das Zirpen von Zikaden halten könnte. Aus dem Pulk hinter dem Tresen löst sich ein Mann mittleren Alters von den Pfannen. Er hat die wenigen Haare abrasiert, ein früher mal weißes Handtuch um die Hüfte gebunden und bewegt sich langsam auf das Rentnerpaar zu. Die dunklen Haare auf seinen Unterarmen glänzen und dann richtet auch er den rechten Zeigefinger auf sein Gegenüber und sagt ganz ruhig: »Nicht schimpfen, bitte!«

Das ist alles. Die Polizistinnen widmen sich wieder ihren Smartphones, auf dem Popbildschirm rast ein Motorboot durch die Wellen der Ägäis und fünf Minuten später zieht das Rentnerpaar mit seiner Bestellung in der Tüte wieder ab. Es gab keinen Rabatt, aber auch keinen Ärger.

Ich sehe ihnen nach und denke, dass Gabi vermutlich genau das meinte, als sie sagte, dass hier alle so nett seien. Im Ruhrgebiet allgemein und in Gelsenkirchen im Besonderen.

LERNEN, LERNEN, NOCHMALS LERNEN

Von kommunistischen Aufmärschen haben die Westgermanen jedenfalls keine Ahnung. Die paar Leute um mich wirken wie ein Stadtteilfest der Grünen. Früher war mehr Parade. Zonengabi hat mich mit nach Gelsenkirchen-Horst geschleppt, was ein Viertel jenseits des Rhein-Herne-Kanals ist, der mittig durch die Stadt fließt. Hier soll das erste Lenindenkmal Westdeutschlands aufgestellt werden.

Bisschen spät vielleicht, habe ich gedacht, aber bin dann doch mitgegangen. Gabi wollte da unbedingt hin, weil ihr inzwischen das echte DDR-Gefühl fehle, von dem sie als Soloselbstständige und Historienperformerin, wie sie sich selbst bezeichnet, lebt. Keine Fahnenappelle mehr, ein

Leben ohne Altstoffsammlungen und Timur-Einsätze. Lenin soll ihr den Weg freischaufeln zu den Gefühlen ihrer Vergangenheit. Von der Sowjetunion lernen heißt schließlich siegen lernen, auch wenn böse Zungen am Ende der DDR das Siegen immer als Siechen aussprachen. Gelsenkirchen besteht aus schiefen Häusern, von denen kaum eines wie das andere aussieht. Die Stadt wird von breiten Straßen durchzogen, die zu mächtig wirken für die paar Menschen, die sie benutzen.

Auch die Kommandozentrale der MLPD in Gelsenkirchen-Horst steht an so einer großen Straßenkreuzung, wo sich zwei Vierspurer begegnen, die aus dem Nichts zu kommen und in das Nichts zu führen scheinen. Links ein Park und rechts ein paar Häuser. Vor uns steht ein klotziges Backsteingebäude, an dessen Fassade man noch die Umrandungen der Buchstaben des Wortes SPARKASSE lesen kann.

»Das haben die Kommunisten gekauft und deshalb dürfen die den Lenin ja auch aufstellen«, sagt Gabi. Sie sieht heute aus wie ein Zonenzombi, in schwarzem Rock und weißer Bluse. Das rote Seidentuch hat sie sich um den Hals geknotet wie eine fünfzigjährige Thälmannpionierin, wobei wir die feminine Version dieses Wortes damals nie benutzt haben. Das war den Genossen wohl nicht kämpferisch genug. Auch wenn unsere Frauen nicht zu Hause an den Herd gekettet wurden wie im Westen, durften sie noch lange nicht in vorderster Front mit den Männern kämpfen.

Sie haben den Towarischtsch Lenin in GE-Horst wie einen Blumenstrauß in ein rotes Tuch eingepackt. Das glänzt auch noch, blutrot, und gibt dem Klassenfeind reichlich Angriffsfläche. »Wenn das Lenin wüsste«, sagte man in der DDR, wenn etwas nicht so richtig im Sinne des Sozialismus lief, und da ja gegen Ende, als ich den Arbeiter-und-Bauern-Staat erleben durfte, eigentlich nicht mehr viel Richtung kommunistisches Paradies lief, sagten wir ziemlich oft »Wenn das Lenin wüsste« und beömmelten uns. Aber dass er hier nun steht, eingepackt wie die große Überraschung auf einem Kindergeburtstag, vor dem Parteieigenheim der Westkommunisten, das hat der große Theoretiker des Kommunismus dann doch nicht verdient. Die Stadt Gelsenkirchen hat natürlich gegen das Denkmal geklagt, bei Lenin hört der Spaß auf, weil der nicht als lupenreiner Demokrat gilt, aber die Klage wurde abgeschmettert, was die Gerichte damit begründeten, dass man in seinen Vorgarten stellen dürfe, was man wolle. Lenin als Gartenzwerg der Marxistisch-Leninistischen Partei Deutschlands gewissermaßen.

Vielleicht dreihundert Menschen haben sich vor der Exsparkasse versammelt. Viel graues Haar, angesteckte rote Nelken und seliges Lächeln, aber schon auch reichlich Jungpioniere mit bunten Haaren und im Picasso-Tauben-Shirt. Auf der Bühne singt eine Studentenband aus Köln, die sich *Gehörwäsche* nennt, von der Oktoberrevolution. »Mitten im schlimmsten Weltenbrand erhob sich 1917 'ne starke Hand«, schrammeln sie, und ich frage mich, was sie den sechs Jugendfreunden heute Morgen ins Müsli getan haben, die da in Jeans und weinrotem T-Shirt mit Leninkopf-Aufdruck über dem Herzen auf der Bühne trommeln, singen und die Klampfe schlagen. Aber immerhin klingt das kämpferisch und schlecht gereimt, kommt meiner Vergangenheit also schon ziemlich nah. Als dann aber eine junge Frau vor mir im Gewühl erscheint und mir neben Bier und Wasser auch eine Coca-Cola zum Kauf anbietet, falle ich endgültig vom Glauben ab. Coca-Cola! Gibt es etwas Kapitalistischeres als die braune Amizuckerbrause? Mit diesem Kauf kann ich nun Westkommunisten unterstützen, die eine ehemalige Bank ihr Eigen nennen und sich eine Leninskulptur vom tschechischen Schrottplatz vor die Bude stellen? Ein dialektisches Dilemma!

Mein persönliches Verhältnis zum Revolutionsführer ist allerdings immer schon kompliziert gewesen. Lenin war mein erster Toter. Das prägt. Die Abschlussfahrt meiner Polytechnischen Oberschule »Willi Bredel« brachte mich 1984 nach Moskau. Unsere Klassenlehrerin, die den preußischen Namen von Brüning führte, sammelte ab Klasse fünf von jedem Schüler Geld ein, das uns dann am Ende der Schulzeit nach Moskau auf den Roten Platz bringen sollte. Immer am Ersten standen wir Monat für Monat Schlange vor dem von Brünigschen Schreibtisch und schoben eine Clara Zetkin, die den Zehner zierte, über den Tisch. Sie notierte das sechs Jahre lang in eine Liste. Als es dann endlich losging, waren wir sechzehn Jahre alt, mit dem hormonellen Durcheinander in uns beschäftigt und mehr am Wodka interessiert als an den Errungenschaften des Sozialismus im Mutterland desselben, aber für viele von uns war das auch der erste Auslandsaufenthalt und der erste Flug überhaupt.

Ich erinnere mich an genau zwei Ereignisse. Daran, dass mein zukünftiger Exklassenkamerad Branco nach zu viel Wodka in die Badewanne des Jugendhotels kotzte, mich zwischendurch immer wieder umarmte und lallte: »Du bist Stierius und ich bin Starius.« Mir tropften dabei dünne Fäden Erbrochenes aufs Hemd und ich begriff, dass zu viel Alkohol nicht unbedingt zu mehr Klarheit führt. Außerdem frage ich mich bis heute, wer Stierius und Starius eigentlich sind. Und dann erinnere ich mich natürlich noch an den größten

Kommunistenführer ever. Ein Besuch bei ihm im Flachbau vor der Kremlwand war Pflicht und mit der preußisch-kommunistischen Klassenlehrerin nicht verhandelbar. Wir stellten uns also ans Ende einer Schlange, die bis in den Alexandergarten reichte. Sehr, sehr langsam näherten wir uns so über den großen Roten Platz dem Mausoleum. Wie es die Pädagogin damals schaffte, uns dabei zu bändigen, ist mir bis heute ein Rätsel. Die Wartezeit verlängerte sich auch deshalb, weil Rotarmisten offensichtlich vordurften und weil immer wieder Brautpaare – er im schwarzen Anzug und sie im weißen Tüll – Lenin nach dem Bund der Ehe besuchten und dabei auch nicht anstehen mussten. Ich vermutete dabei erst eine Kostümierung, um die Wartezeit abzukürzen, allerdings nur so lange, bis ich die erste Braut weinen sah, nachdem sie den großen toten Führer der Oktoberrevolution gesehen hatte. Tief ergriffen rannen ihr die Tränen hinunter, ohne jede Angst um die dick aufgetragene Farbe auf ihrem Gesicht. Der frisch geheiratete Gatte schob sie stützend und wortlos an uns vorbei.

Als wir uns auf zehn Meter an den Eingang herangewartet hatten, löste sich einer der Soldaten aus dem Wachregiment und kam auf uns zu. Er kam auf mich zu! Mit dem Finger deutete er auf meine Jacke und sprach ein paar unverständliche russische Sätze. Auch nach sechs Jahren Russischunterricht war niemand von uns in der Lage, das Gesagte zu übersetzen, aber die zuknöpfenden Gesten verdeutlichten das Gewünschte. Ich sollte meine Jeansjacke, meine erste echte Jeansjacke, die ich vor wenigen Wochen aus dem Westen bekommen hatte, zuknöpfen. Wegen Lenin. Wegen der Ehre. Wegen des Kommunismus. Ich zögerte. Der Rotarmist trug eine Kalaschnikow über der Schulter. Die von Brüningschen Augenbrauen zogen sich in bedenkliche Höhen, weit über das blass lilafarbene Brillengestell hinaus. Ich zögerte immer noch. »Eine Jeansjacke knöpft man nicht zu«, schrie es in mir. Aber andererseits hatte ich nun schon zwei Stunden darauf gewartet, endlich meine erste Leiche zu sehen. Also schob ich die Metallknöpfe langsam durch die zu engen Löcher und die Jeansjacke schloss sich um mich wie ein mittelalterliches Wams. An das Innere des Mausoleums erinnere ich mich kaum noch, nur daran, dass der Deckel über Lenin aus Glas war und der Genosse selber auch irgendwie gläsern aussah, klein, hutzelig und ziemlich unführermäßig, aber er lag da ja schließlich auch schon seit sechzig Jahren.

Gabi ist nicht zufrieden. Sie nuckelt an einer mitgebrachten Piccoloflasche Rotkäppchen halb trocken, was sie aber nicht richtig in Stimmung bringt. »Das ist alles so beliebig«, nörgelt sie und deutet auf die nun leere Bühne: »Gib Antikommunismus, Faschismus, Rassismus und Antisemitismus keine Chance«, steht darüber und Gabi sagt: »Warum nich auch noch: Gib Antifaltencreme keine Chance.« Eine junge Frau in grauem Shirt und grauer Hose stürmt zackig Richtung Mikrofon und Zonengabi lächelt etwas versöhnlicher: »Die heißt auch Gabi! Das ist die Stieftochter des Gründers der MLPD. Jetzt ist sie die Chefin.«

»Also bleibt die Führung in der Familie, so wie in Nordkorea«, antworte ich anerkennend und Gabi knufft mich in die Seite und hält den Finger vor die Lippen.

Die MLPD-Gabi könnte rein optisch auch sehr gut die Leiterin einer Sparkasse sein, aber sie hat sich für die Revolution entschieden und ruft den Gelsenkirchenern entgegen: »Jede Revolution braucht ja auch ein positives Ziel, wenn sie nicht im Frust oder in alten Bahnen oder eben in Niederlagen enden soll.« Und daher der Lenin in Gelsenkirchen-Horst. Als positives Ziel und Aufmunterung. Dass der Sozialismus in seiner alten Bahn vor gut dreißig Jahren ganz kapitalistisch pleitegegangen ist und sich jetzt in der Sowjetunion in ein feudales Oligarchensystem unter der Führung eines ehemaligen KGB-Offiziers verwandelt hat, dass der chinesische Kommunismus der

Welt jeden Tag aufs Neue beweist, dass der Manchester-Kapitalismus noch lange nicht tot ist und George Orwells Visionen eine Art Kinderfibel waren gegen den dortigen Überwachungsapparat, all das interessiert die MLPD-Gabi nicht. Und ihre Zuhörer auch nicht. Sie singen die *Internationale* und bei den *Partisanen von Amur* kommt auch Zonengabi neben mir in Stimmung.

»Kampf und Ruhm
und bittre Jahre.
Ewig bleibt im Ohr
der Klang.
Das Hurra der Partisanen,
als der Sturm auf Spassk gelang«,

schmettert sie mit, wischt sich eine Träne aus dem Auge und sagt: »Diese alten Kampflieder kriegen mich immer noch.«

Ich frage mich, wie viele der Westgermanen wohl wissen, was der Sturm auf Spassk war, aber geschenkt. Gönnerhaft gönne ich mir noch eine schwarze Imperialistenbrause, als die Führerin der westdeutschen Kommunisten ruft: »Der Sozialismus kann aufgebaut werden und der Kapitalismus ist nicht das Ende der Geschichte.« Ihre Sätze klingen so, als hätten sie in Gelsenkirchen das 20. Jahrhundert nicht in der Schule behandelt.

»Ich bin weder Stalinistin noch Maoistin! Aber wir verteidigen die Errungenschaften des Sozialismus und damit auch der Repräsentanten des Sozialismus. Marx, Engels, Lenin, Stalin und Mao Tse-tung.«

Das haben sie sich nicht mal in der DDR getraut! Was waren noch mal gleich die Errungenschaften des Sozialismus? Und welches Sozialismus? Dem von Lenin, Stalin oder Mao? Marx und Engels lassen wir mal raus, weil das ja eher so Theoretiker waren, aber die anderen drei haben ja richtig mitgetan am Blühen des Paradieses für Arbeiter und Bauern.

Aber eine Diktatur des Proletariats in Gelsenkirchen? Hier gibt es ja kaum noch Arbeit. Keine Zeche mehr, keine Kokerei und kein Stahlwerk. Ein paar Einwohner fahren vielleicht noch zu Thyssen nach Duisburg, aber wie lange werden da die Öfen noch brennen? Zwei behelmte Bergmänner im Rentenalter und heller porentief reiner Kumpelkluft betreten die Bühne und rufen im Chor: »Lieber Lenin, wir begrüßen dich mit einem herzlichen Glückauf in unserer Bergarbeiterstadt!« Es ist nicht mehr so leicht, sich richtig dreckig zu machen in Gelsenkirchen, und die Diktatur des Proletariats wird wohl ausfallen, weil es das Proletariat gar nicht mehr gibt. Nur noch viele arme Leute. Die Millionen Opfer des Sozialismus, die sowjetischen Gulags oder die Kulturrevolution von Mao lässt die Genossin Gabi der Einfachheit halber weg, was natürlich gute alte sozialistische Tradition ist. Da hat sie schon was gelernt und formuliert das auch: »Zweifellos gab es in der Zeit von Stalin und Mao Tse-tung gegen deren Willen im Namen des Sozialismus auch Verbrechen.« Ne, schon klar, Stalin und Mao waren also eigentlich ganz liebe Kerle. Aber hinter ihrem Rücken wurden eben ein paar Millionen abgemurkst. Dabei guckt die westdeutsche Kommunistenführerin schön trotzig und gar nicht trotzkistisch. Und wem der Lenin schon zu viel ist, dem droht sie mit weiteren Statuen: »So kann ich heute verkünden, dass wir neben diesen Lenin auch noch eine Marxstatue aufstellen wollen.« Eine Art Kommunisten-Jurassic-Park also.

Zonengabi hat ihr Piccolöchen ausgetrunken, bindet sich das rote Tuch vom Hals und schnaubt einmal kräftig hinein. »Ich glaube, meine Ostbatterie ist langsam wieder voll«, sagt sie.

Die MLPD-Gabi steht selig lächelnd wie bei der eigenen Konfirmation neben dem armen Lenin, der ja auch eine Art Jesusfigur ist und der immer noch mit diesem blutroten Tuch verhüllt ist. Seit' an Seit' mit ihrem Stiefvater, dem ehemaligen Führer der Westkommunisten. Der sieht aus wie ein Kreuzberger Taxifahrer mit einer schwarzen

Lederweste über einem weißen Oberhemd über einem Wohlstandsbauch. Gemeinsam enthüllen sie Wladimir Iljitsch, der gewohnt forsch nach vorne sieht und die Richtung weist, daran haben die Gammeljahre auf dem tschechischen Schrottplatz nichts geändert. Nur seine Denkmalshaut glänzt merkwürdig silbrig, wie eine Autofelge. Das liegt wohl daran, dass der Hausmeister der MLPD, der den Genossen Revolutionsführer im Ostblock besorgte, ihn auch noch etwas farblich nachbehandelt hat. Der Hausmeister!

»Das hätte bei uns natürlich ein ausgebildeter Facharbeiter für Denkmalschutz und Restaurierung gemacht«, seufzt Gabi. Aber die Menge applaudiert begeistert, sie wissen ja nicht, was eine richtige sozialistische Kundgebung ist. Der Pressesprecher der Partei ruft ekstatisch: »Wenn man alle Plätze um uns herum zählt, dann sind wir jetzt über achthundert Teilnehmer«, was natürlich absolut übertrieben ist, aber selbst in der Übertreibung noch kümmerlich. Dafür stehen hoch oben auf dem ehemaligen Sparkassengebäude vier junge Männer und schwenken große rote Parteifahnen. Martialisch, fast wie in den Zwanzigerjahren.

»Komm, wir gehen«, sagt Gabi. »Da hinter dem Park ist der Golfclub Horst. Das können wir Kaffee trinken. Das ist zwar nur ein Neunlochplatz, aber das sind friedliche, spießbürgerliche Leute, bei denen ich schon ein paarmal auf dem Vereinsfest aufgetreten bin. Da brauche ich nur die geschälte Gurke herausholen, bissel sächseln und zu sagen, dass meine Tochter Mandy heißt, dann liegen da alle vor Lachen am Boden.«

WINDMÜHLEN

Es wird Zeit für ein bisschen Wild West – oder soll ich sagen: Wild East? Die Pistolen herausholen und herumballern, ohne Rücksicht auf Verluste. Sich lustig machen über Stadt und Leute oder aber den Finger in die Wunde legen, wie das politisch korrekter heißt.

Es gibt in der Mitte von Gelsenkirchen das Hans-Sachs-Haus, einen großen Backsteinklotz, der hanseatisch erhaben das graue Betoneinerlei um sich herum überragt. Dieses Haus wäre für sich schon eine Geschichte, aber ich will es kurz machen. In den Zwanzigerjahren gebaut, mit runden Ecken, beherbergte das Gebäude neben Büros, einem Hotel und Geschäften auch einen

Konzertsaal, was vermutlich der Grund war, dass es in einem Bürgerwettbewerb nach dem Meistersinger Hans Sachs benannt wurde und auch heute noch so heißt. Den Konzertsaal gibt es gar nicht mehr und auch für die vermutlich größte erhaltene spätromantische Walcker-Orgel mit immerhin 92 Registern war nach dem endlich abgeschlossenen Umbau kein Platz mehr da und so wurde sie 2019 für einen symbolischen Euro an die St.-Antonius-Kirche in Papenburg verkauft. Man kann sich an dieser Stelle natürlich fragen, wo liegt Papenburg und ob der Meistersinger Hans Sachs als Namensgeber dann wirklich noch Sinn macht. Man kann es aber auch lassen. Immerhin konnte der schon beschlossene Abriss des ganzen Gebäudes 2005 verhindert werden und so ist es heute zentraler Verwaltungssitz der Stadt. Das heißt, der Bürgermeister und die Stadtverordneten haben hier ihre Büros. Es gibt aber auch noch ein Rathaus in Gelsenkirchen-Buer, wo getagt wird, wie gesagt, es ist kompliziert.

Wer nach dieser wirren Geschichte ein kühles Bier braucht, bekommt es auch im Hans-Sachs-Haus, denn im Foyer findet man ein Café. Was aber noch interessanter scheint, ist eine kleine Bude direkt daneben. Das ist die Touristeninformation Gelsenkirchen am äußersten Rande des völlig entkernten Atriums, und so habe ich mir direkt daneben drei Kaffee und drei Bier bestellt, immer schön im Wechsel, und abgewartet. Während ich da am Cafétisch auf der Lauer saß und das Koffein in mir einen Walzer mit dem Alkohol tanzte, ging niemand, wirklich NIEMAND in diesen kleinen Verschlag. Also musste ich das übernehmen.

Vor einer dunklen Holzvertäfelung, die man vor der Lichtdurchflutung des Gebäudes gerettet hat, stand dort eine einsame blonde Frau, die sichtlich erschrak, als ich beschwingt an ihren Schalter trat. »Einmal Pommes rot-weiß«, wollte ich schon sagen, aber dann fragte ich sie listig, was man sich denn so angucken könnte, wenn man zwei freie Tage hat und Gelsenkirchen erkunden möchte. Sie aber auch nicht doof, zog sich kurz ihren Pferdeschwanz straff und gegenfragte: »Wofür interessieren Sie sich denn?«

»Na, jedenfalls nicht für Kohle oder Schalke«, erwiderte ich im alkoholisierten Koffeinrausch, und als sie da dann doch zu ratlos guckte, sagte ich einfach: »Für alles. Ich nehme einmal alles.«

Das ergab sechs kleine blaue Hefte im Busfahrplanformat. Teil 1: *Backstein-Expressionismus*, mit dem Hans-Sachs-Haus selbst und neunzehn weiteren Rotklinker-Wohnhäusern, Kirchen und Postämtern. Danach folgte das Heft mit den *Werkssiedlungen* für Bergleute, in denen das Prunkstück der

Flöz Dickebank ist, wo ich ja schon wohne, aber das sagte ich natürlich nicht. *Kunst im öffentlichen Raum* hat ein paar Schwergewichte zu bieten. Markus Lüpertz hat einen 18 Meter hohen und 20 Tonnen schweren Herkules auf den ehemaligen Förderturm der Zeche Nordstern in GE-Horst stellen lassen, was mir eher eine statische als künstlerische Leistung zu sein scheint. Der antike Held sieht trotz seiner Masse aus wie eine Comicfigur. Nur eben in Riesig. Der gebürtige Mecklenburger und spätere Düsseldorfer Günther Uecker hat den Innenhof des Schalker Gymnasiums mit der Installation *Windorgan* verschönert. Die unten offenen und oben kompakt geschlossenen Zylinder fangen den Wind und verstärken ihn in seinen natürlichen Geräuschen. Ach so! Ein Windspiel für Abiturienten also. Und im Foyer des Musiktheaters, das elegant in Glas und Beton wie ein gelungener Palast der Bundesrepublik aussieht, hat Yves Klein Ende der Fünfzigerjahre die Wände blau bemalt.

Es gibt ein Heftchen für *Parklandschaften*, aber wer mit der S-Bahn nach Potsdam fahren kann wie ich, den wird die Löchterheide nicht gerade hinter dem Ofen vorlocken.

Außerdem gibt es natürlich auch ein blaues Tourismusheft der Stadt Gelsenkirchen, das den Titel *Zechen* trägt, was sollen sie auch machen?

Und dann noch eines, das die *Architektur der 1950er Jahre* beleuchtet. Da muss man dann aber schon ein Gemüt wie ein Nierentisch haben, um sich etwa das Gesundheitsamt in der Kurt-Schumacher-Straße anzugucken.

Der Mann vom Stadtmarketing kommt ein paar Tage später mit dem Fahrrad. Wir haben uns am Telefon verabredet, das mit dem Fahrrad war seine Idee. Mein Freund Schlüppi aus Berlin hat mich am Telefon regelrecht scharfgemacht: »Sander, jetzt kein Pardon! Da musst du ran.«

Ich hatte ihm von der traurigsten Stadtinformation der Welt erzählt und Schlüppi schlug vor, dass ich da doch mal einen ganzen Tag verbringen sollte. »Da wird nämlich dann auch keiner kommen. Wirste sehen!« Als ich das dem Mann vom Stadtmarketing vorschlug, sagte er: »Das ist keine gute Idee«, was natürlich schon ein Eingeständnis war und unsere Vermutung bestätigte. Stattdessen würde er mir ein bisschen Gelsenkirchen zeigen. Also los.

»Und dass du nicht zu nett bist«, schrie Schlüppi noch ins Telefon. »Denk an die ganzen doofen Ostler, die sich nach dem Mauerfall um Kopf und Kragen geredet haben und das bis heute tun, sobald man ihnen ein Mikro vor die Nase hält. Dunkeldeutschland, Englischer Genitiv, Mandy und Kevin. All das, Sander, all das!«

»Aber was heißt das, Schlüppi? Was genau willst du denn?«, schrie ich zurück in den Hörer. »Rache? Wiedergutmachung? Verblühende Landschaften?«

»Mann«, seufzte Schlüppi. »Alles, was ich von dir will, ist Unverständnis und ein bisschen Überheblichkeit. Das wird doch wohl nicht so schwer sein.«

Der Mann vom Stadtmarketing ist etwa mein Alter, die Haare sind grau, ihr Ansatz ist geflohen und er trägt eine Brille. So sitzend, auf einem Rennrad und hager von der Figur, wäre mir die Assoziation zum Ritter von der traurigen Gestalt vermutlich früher oder später selbst gekommen, aber wir sind gerade erst losgerollt, da sagt er tatsächlich: »Manchmal ist das wirklich ein Kampf gegen Windmühlen.« Und so fährt er da nun neben mir, der Don Quichotte von Gelsenkirchen, und erklärt seinen Kampf gegen Windmühlen mit einer Anekdote. Einmal, da war er noch Reiseleiter, da habe am Ende einer Stadtrundfahrt eine Gelsenkirchenerin zu ihm gesagt: »Getzt sach ich Ihnen ma wat. So schön, wie Sie Gelsenkirchen gezeigt haben, ist dat gar nich.« Was also soll man tun?

Ich fahre mit Gabis rotem Damenfahrrad nebenher. Sie hat ein Körbchen vorne drangeschraubt und auf der Klingel leuchten Hammer und Sichel im Ährenkranz. Wir rollen über den Erzbahnweg, der über Nebenbahnen Essen, Gelsenkirchen und Bochum verbindet. Das Gute ist, man sieht nichts von der Stadt und so ist das natürlich auch ein Statement, dass wir unter Bäumen radeln. Früher wurde hier per Bahn das Eisenerz für die Bochumer Hochöfen transportiert, das Stahlwerk Schalker Verein mit der Zeche Alma verbunden, aber im Ruhrgebiet verhält es sich so, dass da, wo früher Arbeit war, heute Bäume wachsen. Es werden Parks gepflanzt, Spielplätze angelegt oder so ein Radweg gebaut. Das ist in etwa so wie mit dem ehemaligen Todesstreifen zwischen Ost und West. Wo früher die Mauer Deutschland entzweite, wachsen heute seltene Pflanzen, zwitschern Amsel, Drossel, Fink und Star. An der Erzbahntrasse wächst die Natur inzwischen seit zwölf Jahren in die Höhe und zwischen Brennnesseln und Brombeeren, die man in der ganzen Stadt findet, nicken die lang gestreckten Köpfe der lila Schmetterlingsflieder, die aussehen wie wippende florale Zeigefinger. Sie deuten ins Leere.

Das Mann vom Stadtmarketing Gelsenkirchen redet viel von anderen Städten. »Die Messe in Düsseldorf hat eine Strahlkraft bis Gelsenkirchen«, sagt er und tritt in die Pedale. Die Zeche Zollverein, das Weltkulturerbe, der touristische Dauerbrenner des Ruhrgebiets. Die einzige Kohle im Bergwerksfeuer, die noch richtig glüht. Nur eben in Essen und nicht in Gelsenkirchen. Ach, deren Besucher würden auch hierherkommen und im Maritim-Hotel wohnen. Oder die Jahrhunderthalle in Bochum, das Theater dort und überhaupt. Als ich sage, dass ich mich nur für Gelsenkirchen interessiere, antwortet Don Quichotte mit einem ungläubigen Grinsen, dass man das nicht so sehen kann. »Das Ruhrgebiet ist ja ein Ganzes und Gelsenkirchen funktioniert über das Musiktheater und den Fußball und beides geht eben im Moment nicht, wegen Corona.«

»Gut«, sage ich, lade durch und feuere ab: »Aber der deutsche Städtetourismus boomt doch gerade wegen des Virus diesen Sommer wie verrückt!«

»Ja, ne«, sagt er da und wir radeln weiter. Plötzlich biegen wir runter von diesem Radschnellweg im häuserlosen Nirgendwo und erreichen den Stadtteil Bulmke-Hüllen. Nördlich von Ückendorf grenzt er im Osten abstandslos an Herne und mein Stadtführer von der traurigen Gestalt ist in diesem Viertel aufgewachsen. Ein mittelalter Mann in weißer befleckter Malerkleidung hebt am Straßenrand die Hand und die beiden reden kurz miteinander. Es geht ungelogen um das Vererben einer Schalke-Dauerkarte nach einem Todesfall in der Anstreicherfamilie und Don Quichotte schreibt es sich als zu erledigen auf die königsblaue Fahne. Will seine Kontakte spielen lassen, weil Vererben eigentlich gar nicht geht.

»Das war ein Kollege von mir«, sagt er, als wir weiterfahren, und das verwirrt mich auch, dass sie hier »Kollege« sagen, wenn sie »Kumpel« meinen. Eine Wortverschiebung, wie ich sie in Berlin vom Gebäck *Berliner* kenne, das das ganze Land so nennt, nur die Hauptstädter nennen die marmeladengefüllten Krapfen eben *Pfannkuchen*. Und im Ruhrgebiet ist der Kumpel ein Kollege, vielleicht, weil hier der Kumpel ein Bergmann war?

»Der war mal Ingenieur in Stuttgart«, sagt mein radelnder Begleiter über seinen Kollegenkumpelfreund vom Straßenrand. »Aber dem hat das alles gefehlt.« Er deutet mit großer Geste über die Straße vor uns, und während ich noch darüber nachdenke, was wohl genau »das alles« heißt und wir an gesichtslosen Mietskasernen vorbeirollen, redet er schon weiter: »Jetzt ist er wieder zu Hause und arbeitet in der Malerfirma seines Bruders.« Vorhin sprach er auch davon, dass er selbst nach dem Studium schon überlegt habe, aus Gelsenkirchen wegzugehen, aber dann sei das eben zu den Schalke-Heimspielen so weit. Er lächelt zufrieden und der Satz geht ihm ganz rund und geschmeidig über die Lippen, so oft wurde der schon benutzt. Der Mann vom Stadtmarketing Gelsenkirchen hat auch noch einen Kollegen aus dem

Osten Deutschlands. »Boxer war der, ausgebildet bei Schwarze Pumpe«, und während ich überlege, wo genau noch mal Schwarze Pumpe war, sagt Don Quichotte, dass der Boxer dann eine Weiterbildung zum Krankenpfleger gemacht habe. »Aber jetzt arbeitet der lieber als Hausmeister. Ist ruhiger. Einwandfreier Typ.« Das kling wie ein Ritterschlag und ich frage mich, ob es vielleicht Glück ist, nichts vom Leben zu wollen und jeden zweiten Sonnabend in die Veltins-Arena auf Schalke zu gehen.

Plötzlich stehen wir vor einem kleinen eingeschossigen Bungalow aus Backstein. Mit einer Zinkumrandung unterm Flachdach. Der sieht aus wie eine luxuriöse Garage und neben ihm und auch gegenüber stehen weitere Exemplare der gleichen Bauart. Don Quichotte hat mich nach Hause geführt. Er weiß natürlich, dass ich die wenigen touristischen Highlights von Gelsen längst gesehen habe. Also hat er sein Rosinantenrennrad hierherfahren lassen.

Der Tossehof ist eines dieser typischen ausgedachten Wohnviertel der Siebzigerjahre. Als man sich in Ost und West ein neues Leben für die Menschen hat einfallen lassen. Herausgekommen ist dabei Berlin-Marzahn oder das Neubauviertel Großer Dreesch in meiner Heimatstadt Schwerin, und in Gelsenkirchen wurde ein Viertel hochgezogen, das nach einem ehemaligen Bauernhof benannt wurde, der hier vor hundert Jahren stand. Der Tossehof. Doch statt muhenden Kühen bröckelt jetzt großflächig der Beton.

Die Geschichte ging so: Man wollte einen sozialen Mix aus Menschen erschaffen. Es wurden etwa einhundert kleine Einfamilienhäuser gebaut, ein paar wirklich fiese Wohntürme mit zwanzig Stockwerken und schießschartigen Balkonen und es gibt diese Bungalows, vor denen wir nun stehen.

Mein Reisebegleiter steigt vom Rad, richtet die runde Brille und zieht die Hose hoch. Atmet einmal tief durch. »Mein Großvater war Bergmann«, sagt er. Und ich denke: Klar, waren ja in Gelsen offensichtlich alle.

»Aber der hat meinem Vater verboten, auf Zeche zu gehen.«

Na immerhin, funkt mein Gehirn mir tonlos.

»Der ist Elektriker geworden und wir haben dann hier gewohnt.« Aber mit hier meint er gar nicht diesen backsteinernen Quader, den sich irgendein Stadtplanungskollektiv der Siebzigerjahre ausgedacht hat. Don Quichotte hat in einem der einhundert Einfamilienhäuser gewohnt, die für den sozialen Mittelbau des Viertels geplant waren. Die zeigt er mir aber nicht, sagt nur, dass es dort sehr schön war, einwandfreie Kindheit, und wir schauen uns auch die schrundigen Hochhäuser nicht näher an, die damals wie heute für die untersten Bewohner des Mietmarktes geplant waren.

»Da hat Klaus Fischer drin gewohnt«, sagt er und deutet auf diesen von Hartlaubgewächsen und rund geschorenen Büschen umwachsenen Backsteinquader. Er stellt mir diesen Namen hin wie einen Pokal und natürlich weiß ich, wer Klaus Fischer ist. Jeder Fußballverrückte, der in der DDR aufwuchs, kennt diesen Namen, weil wir uns ja auch immer für den Westfußball interessiert haben, ganz im Gegensatz zu unseren Brüdern und Schwestern hinter dem Eisernen Vorhang. Würde ich jetzt hier an gleicher Stelle die Aufstellung der DDR-Nationalmannschaft abfragen, die die BRD im Regen von Hamburg mit 1:0 schlug, die bei ihrer einzigen WM-Teilnahme im Jahre 1974 den Weltmeister besiegte, obwohl der sie nur in Anführungsstrichen schrieb, herrschte nach dem Torschützen Jürgen Sparwasser vermutlich Stille. Wer kennt diesseits der Elbe schon Martin Hoffmann?

Diese Bungalows vor uns waren für die Reichen unter den Tossehofbewohnern gedacht und Klaus Fischer war reich. Er war so etwas wie der Robert Lewandowksi der Siebzigerjahre. Der Sturmführer von Schalke 04 für elf lange Jahre, und als er den Verein nach dem ersten Abstieg 1981 verließ, schmissen die Fans ihm Eier gegen die Haustür, vor der wir stehen. Ein einfaches Holzmodell.

Fischers Spezialität waren Fallrückzieher, die er mit einer großen Eleganz und Lässigkeit im gegnerischen Strafraum ansetzte und mühelos versenkte. Einer davon wurde sogar zum Tor des Jahrzehnts gewählt. Der Schütze des schönsten Tores der Siebzigerjahre hat in einer Sozialbausiedlung gewohnt, das wäre so, als wohnte der heutige Hertha-Kapitän in einem Penthouse in Hellersdorf. »Der Fischer hatte so einen Cockerspaniel und der ist ihm immer abgehauen und dann hat er uns Kinder gefragt, ob wir den gesehen hätten.« Der Mann vom Stadtmarketing sieht selig zwischen den Bungalows hindurch. Er imitiert den Tonfall des gebürtigen Niederbayern Klaus Fischer und ist gerade selbst in den Siebzigerjahren verschwunden. Sogar ich sehe vor meinem inneren Auge den für heutige Fußballerverhältnisse leicht pummeligen Klaus Fischer o-beinig seinem Köter in dem an die Häuser angrenzenden Park hinterherlaufen.

Heute ist das Viertel natürlich ein sozialer Brennpunkt, was ja immer nur ein anderes Wort für »große Armut« ist und die daraus entstehenden Probleme wie Drogen und Gewalt. Außerdem ist der gesamte südliche Teil von Gelsenkirchen ein sozialer Brennpunkt.

»Alle leben hier in Peergroups«, mosert der Stadtvermarkter. »Die Araber und die Deutschen, die vom Balkan und die Türken. Die einen rennen dem Erdoğan nach und die anderen rennen zur AfD.« Es sei ein Trauerspiel und Gelsenkirchen würde von der Bundesrepublik alleingelassen, weil es eben Wohnungsleerstand gebe und die Ärmsten aus ganz Europa herziehen.

»Die Südosteuropäer zum Beispiel fackeln dann im Hinterhof Autoreifen ab«, sagt er. »Da hört es dann selbst bei meinen tolerantesten Freunden auf.«

Natürlich ist Don Quichotte weiß und auch er selbst lebe ja in einer Peergroup, gibt er zu. Das mit dem Vermischen der Menschen verschiedener Herkunft scheint den Gelsenkirchenern nicht mehr zu gelingen. Während ich vor Klaus Fischers ehemaligen Bungalow stehe und dem Ritter von der traurigen Gestalt zuhöre, mosert Ömers Stimme in mir: »Das ist Gelsenkirchen noch nie gelungen. Es gab nie eine wirkliche Vermischung der Zugezogenen mit den einheimischen Weißen, frag ihn doch mal, ob die beim Stadtmarketing alle so blass sind wie er!«

Aber ich stell jetzt gar keine Fragen mehr. Der Mann vom Stadtmarketing poliert seine Brille und steigt wieder auf seine Rosinante. Ich gucke mir aus Mitleid noch eine Zechensiedlung an und lass mir erzählen, dass der Fußballtrainer Friedel Rausch früher neben seiner Familie gewohnt hat und dass der auch ein toller Typ war. Rausch hat früher mal Schalke trainiert, aber was vor allem von ihm in Erinnerung bleibt, ist, dass ihn mal bei einem Derby gegen die Dortmunder Borussia ein Polizeihund in den Hintern gebissen hat. Ungelogen. Während wir in der Erdbrüggenstraße vor Bergarbeitersiedlungshäusern von 1898 stehen, deren Fassaden so schwarz sind, dass ich mir die Lungen ihrer damaligen Bewohner gar nicht vorstellen mag, sagt Don Quichotte, dass Gelsenkirchen zwei Möglichkeiten für die Zukunft hat. Man müsse den freien Platz in der Stadt nutzen, um Einfamilienhaussiedlungen zu bauen, die werden stark nachgefragt und Freiflächen gebe es ja mehr als genug. Außerdem sollte die Stadt wegen des guten Autobahnanschlusses noch mehr Logistikunternehmen anwerben. Das klingt so traurig, als würde er mir erzählen, dass Gelsenkirchen zukünftig vom Flaschensammeln leben muss. Treuhand, Treuhand, Treuhand!

Mir reicht es, ich radele nach Hause. Vor dem Haus in der Dickebank sitzt Ömer mit seinem Nachbarn Herrn Gökcan, der mich noch nicht einmal zurückgegrüßt hat, seit ich hier wohne. Auch jetzt guckt er an mir vorbei, als gäbe es mich nicht. Ich frage Ömer, ob er eigentlich Erdoğan gut finden würde, doch der hält mir eine Flasche Bier entgegen und klopft auf den Hausstein neben sich: »Nun halt mal die Fresse, Kevin, und genieß die Sonne.«

TEGTMEIER KLÄRT AUF!

Der Kanal zerschneidet die Stadt mittig von Ost nach West. Er ist nur 45 Kilometer lang, aber er fließt so schnurgerade und gnadenlos, dass man meinen könnte, er komme aus dem Ural, fließe an Katowice und Magdeburg vorbei, durch Gelsenkirchen, um dann in Marseille ins Meer zu münden. Dabei führt er nur vom Rhein zum Dortmund-Ems-Kanal. Ich habe noch nie ein mehr von Menschen gemachtes Wasser gesehen als dieses, und ich habe auch noch nie ein so von Menschen verlassenes Wasser gesehen wie den Rhein-Herne-Kanal. Niemand zu sehen, obwohl auch heute feinster Sonnenschein strahlt, liegt keiner an den Ufern oder grillt im spärlichen Grün. Auch die

Bänke, die pflichtschuldig am Ufer stehen, mit Blick über das Unkraut und auf das Wasser, sind verwaist. Und als solle das alles noch schlimmer gemacht werden, fließt parallel dazu, nur hundert Meter weiter nördlich, die Emscher, und dass da keiner ist, das verstehe ich sehr gut, weil es da stinkt wie im Klärwerk.

Ich bin Fachmann, weil ich meine erste Lehre als Instandhaltungsmechaniker beim VEB Wasserversorgung und Abwasserbehandlung Schwerin gemacht habe. Als solcher stand ich manchmal morgens um halb sechs am Rechen des Klärwerks, wo das gesamte Dreckwasser meiner Heimatstadt durch ein großes Rohr auf mich zugeschossen kam. Mitten in dessen Fluss, wie ein Metallzaun aussehend, fischte der Rechen raus, was hängen blieb an seinen Streben. Klopapier, Kondome, untergegangene Äste, überhaupt viel verwesend Organisches. Meine daneben stehende Aufgabe war es, dieses Gitter ab und zu mit einer Harke abzuziehen und das Gröbste in einen Container hinter mir zu werfen. Dunst stand über der Dreckbrühe, Möwen umkreisten mich gierig und das Wasser lief danach durch den Sandfang ins Schlammbecken. Meine Geruchsnerven wurden in dieser Zeit stark herausgefordert und ich werde ehrlich gesagt sehr ungern an diese Lehrzeit erinnert. Vor allem olfaktorisch. »Und willste bei der Scheiße bleiben?«, fragte mich einmal ein Geselle in Gummistiefeln, und das Wort »Scheiße« war in diesem Satz nur ein Synonym für unseren Beruf.

Weil man wegen der Unruhe im ausgehöhlten Erdreich lange keine Abwasserrohre verlegen konnte, hat man die Fäkalien in Gelsenkirchen einfach in die Emscher geleitet. Seit Jahren versucht man das nun rückgängig zu machen. Über fünf Milliarden Euro werden dabei investiert, aber nach dem Geruch zu urteilen, ist da noch einiges zu erledigen inne Köttelbecke, wie die Eingeborenen das Gewässer nennen. Das ist nur halb so breit wie der Rhein-Herne-Kanal, fließt in einer Betonschale, beidseitig grasbeufert und ebenfalls absurd gerade für einen Fluss, auch wenn er voll Scheiße ist.

Deren Geruch hat sich in den hundert Metern bis zum Rhein-Herne-Kanal verflüchtigt und kann so also nicht der Grund sein, warum ich der einzige Spaziergänger bin und nur ab und zu einer dieser vielen Ruhrgebietsradfahrer vorbeizischt. Vielleicht ist aber doch noch etwas in der Luft, das meine Sinne trübt oder belebt, weil, nun ja, so richtig allein bin ich auf meinem Weg gar nicht, wenn ich ehrlich bin. Aber wie soll ich es sagen? Mir ist es ein bisschen peinlich, wirklich. Ein älterer Herr geht neben mir. Einer, den ich seit vielen

Jahren kenne, der allerdings schon länger tot ist, so dachte ich. Andererseits ist er natürlich eine Kunstfigur und als solcher kann er ja vielleicht auch gar nicht sterben.

Hier in den Rhein-Herne-Kanal hat er die Schwiegermutter damals reingetan, nachdem er ihr gesächt hatte, weil er die Feststellung machte, dass sie im Ganzen nicht so schön auf den Bollerwagen raufpasste. Drei Fuhren musste er machen. Adolf Tegtmeier geht neben mir. Im grauen Anzug, mit seiner Kappe auf dem Kopp, dieser schwarzen Schiebermütze, die ihn von Jürgen von Manger trennte. Sein linkes Auge hängt oder ist jedenfalls zusammengekniffen, so richtig konnte man das ja nie sagen, was mit dem Auge nicht stimmte. Er geht links neben mir, sodass die Fahrradfahrer ihm nicht ausweichen müssen, ich aber auch nicht weiß, ob die ihn überhaupt sehen.

Als ich am Gelsenkirchener Hafen vorbeiging und einmal nach rechts guckte auf dieses große Becken, bestückt mit flachen Lastkähnen, die beladen mit Metallschrott neben großen kreisrunden Tanks voll Was-auch-immer dümpelten, da war er plötzlich da. Ich habe erst mal nichts gesagt, bin einfach nur etwas schneller gegangen, was er aber mühelos mithielt, und dann, als wir schon fast rannten, sagte er plötzlich klar und deutlich: »Jetzt kommen wir aber ganz schön am Rollen.«

Und dann schniefte er das Tegtmeierschniefen, diese Mischung aus Lachen und Nasehochziehen.

Der Weg zu Adolf Tegtmeier führt über meine Mutter. Man muss sie sich völlig humorresistent vorstellen. Es ist nicht so, dass sie nie lacht, aber alles, was ich in meiner Kindheit liebte, alles, was in der Glotze lief und worüber ich mich davor wegschmiss vor Lachen, perlte an meiner Mutter ab wie an Teflon. Während mein Vater immer wieder beim Wohnzimmerdurchqueren stehen blieb, weil ihn Dick und Doof gefangen nahmen, die vergeblich versuchten, ein Klavier eine endlose Treppe hochzutragen, passierte meiner Mutter das nie. Auch Tom und Jerrys epische Jagden, die herausschießenden Beulen des Katers, hervorgerufen vom Holzhammer schwingenden Jerry oder sein immer wieder in Scheiben geschnittener Schwanz entlockten meiner Mutter höchstens ein »Was für ein Quatsch!« im Vorbeigehen. Auch bei den im Nachabendbrotbereich rumblödelnden Importkomikern Jerry Lewis und Pierre Richard, bei Hase und Wolf aus der Sowjetunion oder bei den volkseigenen Herricht & Preil – bei meiner Mutter verzog sich keine Miene. Natürlich änderten auch Didi Hallervorden und Otto Waalkes daran nichts. Manchmal dachte ich, während ich beim Lachen nach Luft rang, dass meiner Mutter vielleicht irgendein Lachmuskel fehlt. Ich habe mir gewünscht, mit ihr vor dem Fernseher zu lachen. Bis Tegtmeier kam. Und der lief eher spät und fast immer im dritten westdeutschen Programm. Stand einfach nur da mit seiner Mütze auf dem Kopf, neben einer Stehlampe und einem Tisch. Meine Mutter, die allabendlich hinter einem Bügelbrett stand und wirklich alles außer Socken bügelte, fing plötzlich an zu lachen, während sich der Ruhrgebietskleinbürger Adolf Tegtmeier um Kopf und Kragen redete. Da lachte sie auf einmal, während ich mich in diese Art von Humor erst einmal reinhören musste.

»Dat is ja nun mal auch so ein breitgetretener Irrtum, dat dat immer Humor sein muss, nur weil die Leute alle am Lachen waren«, sagt Tegtmeier neben mir am Kanal, und ich bin gleich wieder am Rennen, weil ich das mit den Geistern noch nicht so gewöhnt bin. »Wo laufen sie denn?«, ruft er mir nach, aber als ich dann wie angewurzelt stehen bleibe, weil ich befürchte, dass er nun plötzlich die Kunstfigur gewechselt hat, sagt er wieder ganz tegtmeierisch: »Ne, geh mir wech, jetzt können wir doch hier auch mal wie eine reine Zivilisation … Herrschaften, dauernd dieses Ertüchtigen.«

Er ist überraschend groß, seine Augenbrauen erscheinen mir etwas buschiger als vor Jahrzehnten und auch der Schnäuzer ist üppig, aber vielleicht wächst das bei Geistern ja besonders gut, wie Fußnägel bei Leichen.

»Dazu möchte ich dann doch eine Erklärung abgeben«, sagt Tegtmeier. »Nun war ja in frühere Zeiten die Schönheit nich so eine strenge Vorschrift wie heute. Sonst hätte ich dem Bartwuchs gewissermaßen auch anderweitig vorgebeugt im lebendigen Zustand.«

Er kann also meine Gedanken lesen! Was die Sache nicht besser macht, weil ich das natürlich nicht möchte, weder bei Lebenden noch bei Toten. Tegtmeier lacht wieder in sich hinein: »Ja, wenn Sie dafür fies sind, für dat Hinterbliebene eines Menschen, dann kann dat schon auch eine Auswirkung auf Ihr menschliches Untergrundbewusstsein haben, wenn man dann plötzlich mit Vergangenem zugange ist.« Und als ich ihn wohl etwas ratlos ansehe, obwohl er ja vermutlich gar nicht da ist, sagt er: »Dat is dat Tiefkühlfach der Seele.«

Was, denke ich, und vielleicht habe ich das auch geschrien oder eben nur sehr laut gedacht, denn Tegtmeier beschwichtigt:

»Nun fangen Se man nich gleich am quicken. Wir sind doch die einzigen Tiere, die ein extra Körperteil für dat Böse hamm Dat is die sogenannte Seele. Und die kann eben auch, ja, wie soll ich sagen, überlaufen. Wenn die Gefühle bisken hangreiflicher werden, in der Kindheit beispielsweise. Wo der Säugling seine ersten Konflikte mit der Muttermilch zum Schlucken kriegt, gewissermaßen.«

Ich versuche mich auf den schmalen Weg am Rhein-Herne-Kanal zu konzentrieren und nichts weiter als ein großes Fragezeichen zu denken. Diese Satzkaskaden brachten meine Mutter damals zum Lachen und mich irgendwann auch. Natürlich weiß ich auch, dass Tegtmeier oder eben sein Chef Jürgen von Manger in Gelsenkirchen am Theater zugange war. In den Fünfziger- und Sechzigerjahren, und dass er nebenbei noch Jura studiert hat, vermutlich, weil sein Vater Staatsanwalt war. Allerdings hat er nie einen Abschluss gemacht, was mir in der Medizin und in der Germanistik ja auch gelungen ist. Da sagt er neben mir dann wieder, ganz ohne sich zu räuspern: »Herrschaften, wenn Se da an den falschen Richter geraten, könnte sein, dat dat Gericht mildernde Umschläge verpasst.«

Für meine abgebrochenen Studien?, denke ich. Und welches Gericht? Gottes Gericht? Gibt es den doch?

Doch darauf antwortet er nicht und plötzlich weitet sich dieser unkrautgesäumte Wanderweg neben der Wasserschnellstraße und ein weiteres Hafenbecken wird sichtbar, aber dieses Mal nicht so ein Industriehafenmoloch, aus dessen Dämpfen Kleinkünstler erscheinen, nein, vor uns liegt die Gelsenkirchener Marina und erinnert mich wieder an den Grund für meinen Spaziergang.

Hier wollte ich her, weil dieses Hafengelände mit der anschließenden Einfamilienhaussiedlung Graf Bismarck die Zukunft von Gelsenkirchen sein soll. Das hat mir Gabi erzählt, der Mann vom Stadtmarketing, zwei Frauen in der Ückendorfer Bäckerei, und die AfD Gelsenkirchen hat ein Foto dieses künstlichen Hafens mit angeschlossenem Wohngebiet sogar auf den Kopf ihrer Website gestellt. Einigkeit also bis zum rechten Rand.

»Is natürlich auch bisken Stolz bei, dat man es selber zum Gliede der menschlichen Gesellschaft gebracht hat«, sagt Tegtmeier und deutet in die Pracht vor uns. So langsam habe ich mich an die Kommentare gewöhnt, auch wenn ich jetzt froh bin, dass wir uns gedanklich verständigen können, denn hier sind tatsächlich Menschen. Sitzen im Schatten, essen Eis, schlendern zu einem der Restaurants.

Aber Kollegen, denk ich. Das hätte uns im Osten das westdeutsche Feuilleton aber ästhetisch ganz schön um die Ohren gehauen. Nach der Wende schossen ähnliche Einfamilienhaussiedlungen aus den Stadträndern zwischen Rostock und Zwickau wie Furunkel.

»Jetzt weiß ich nich, wat Se jetzt anspielen«, sagt Tegtmeier und kneift neben dem linken Auge auch noch das rechte zu, aber ich werde nicht auch noch Geistern die Ost-West-Befindlichkeiten erklären.

Die Marina ist ein Betonbecken, nicht viel größer als das Fußballfeld der Glückauf Kampfbahn. Wenige Motorboote und noch weniger Segelboote schaukeln auf dem brackigen Wasser vor sich hin. Um das Hafenbecken ist vorsichtshalber alles mit Beton betoniert, damit auch gar nicht erst der Gedanke von Natur entstehen kann.

»Beton is bei uns Natur zu stark herabgesetzte Preise und Se hamm nich so viel Malesse von wegen Pflanzenbeschnitt und so Sachen«, sagt Tegtmeier, den ich nun schon fast vergessen hatte. Er geht durch zwei junge Mädchen hindurch, die zwar kichern, aber ich habe sie im Verdacht, dass sie eher über mein dämliches Gesicht lachen, als darüber, dass gerade ein Geist durch sie geschwebt ist. An der Stirnseite der Marina steht ein riesiger Betonblock mit vielen menschhohen Fensterscheiben. In die obere Etage wurde quer noch einmal ein kistenförmiger Quader eingelassen, der zum Wasser hin nur aus Glas besteht. Da oben soll der Schalke-Trainer wohnen, hat Ömer erzählt, und unten kann man Sushi essen, Pizza und tatsächlich Steaks für über 40 Euro. Das unterscheidet sich schon deutlich vom Gelsenkirchener Durchschnitt. Tegtmeier sitzt vorn an der Hafenkante und lässt die Beine baumeln. Er hat die Schuhe ausgezogen und seine Fußnägel sehen für den Geist eines älteren Herrn ganz manierlich aus. Bisschen gelblich, aber akkurat geschnitten.

»Ach, dat liebliche Ruhrgebiet«, sagt er und deutet auf das Wohngebiet, das diesem Hafen gegenüberliegt. Vielleicht fünfzig Einfamilienhäuser, die da im Stillgestanden nebeneinander im Block formiert sind. Alle Fassaden sind weiß, alle Dächer sind schwarz und die Firste kaum zwanzig Meter voneinander entfernt. Vor jedem Haus eine Laterne, alle Grundstücke haben natürlich einen Carport, und während ich mit Tegtmeier, der sich die Geisterschuhe wieder angezogen hat, durch die völlig menschenleeren schmalen Straßen laufe, stellt sich so ein *Truman Show*-Gefühl ein. Als würden wir beobachtet und als könnte man am Ende der letzten Häuserreihe auf eine Leiter steigen und durch ein Loch im Himmel in die wirkliche Welt gelangen. Kleine Rasenmähroboter trimmen unermüdlich die Halme auf Bürstenschnitt. Ab und zu quietscht ein Kind auf dem Trampolin hinter der Ligusterhecke. Da bekomme ich allerdings schon Stephen-King-Assoziationen und würde mich über Jack Nicholson, der mit einer großen Axt hinter uns herläuft, nicht mehr wundern.

Heute ist ja scheinbar alles möglich. Der Trailer von Stanley Kubricks *Shining* lief in den Achtzigern merkwürdigerweise wochenlang im Werbewestfernsehen und so auch durch mein Kinderhirn. Und wie der beaxte Nicholson da als völlig durchgeknallter Schriftsteller durch das Schneelabyrinth seinen Sohn verfolgte, hat sich tief in meine Seele eingebrannt und verfolgt mich bis heute.

Die schmalen, leeren Straßen in diesem Viertel auf der Industriebrache erinnern mich genau an die Stimmung in diesen Film. Alles, was nicht Hecke ist, nicht Rhododendron oder als Grashalm auf der Handtuchfläche hinter den Häusern steht, ist großzügig mit Schotter zugeschottert. Mal schwarz, mal weiß, mal grau, und während ich mich noch frage, ob es so etwas in anderen Ländern auch gibt, Steine, die hergestellt werden, um Natur zuzuschütten, sagt Tegtmeier neben mir: »Dat gehört beim Glücksgefühl des Menschseins wohl mit bei, dat die Natur, die einen umwächst, nicht die Überhand erhält, wenn Sie verstehen, wat ich meine.« Er rückt seine Kappe auf der Birne zurecht und ich verstehe eigentlich nichts mehr. Weder Gabis Begeisterung für kleine Häuschen noch warum Wohnen die neue Hoffnung für Gelsenkirchen sein soll oder dass die Menschen über 300 000 Euro für so einen Albtraum in Weiß auf einem ehemaligen Kohlekraftwerksgelände bezahlen. An einem Hafen, der eigentlich nur einbetoniertes Kanalwasser ist. Selbst Tegtmeier verstehe ich nicht mehr, der hat sich in dieser Siedlungseinöde in Luft aufgelöst. Vielleicht ist er aber auch vor Jack Nicholson mit seiner Axt geflohen.

STEIFE BRISE

Es geht hier um Liebe und um die Seefahrt. Denn das Schiff geht unter, das Wasser fließt schon über die Planken, was alle spüren, aber nicht erwähnen, weil die Hoffnung stirbt zuletzt und die Liebe zu Schalke 04 ist groß in Gelsenkirchen, vielleicht ist sie zu groß.

Die *Friesenstube* ist sturmerprobt. Sie steht am Rande der Fußgängerzone, dort wo das Flanieren zwischen grauem Beton vom vierspurigen Verkehr der Husemannstraße gestoppt wird, dort, wo man plötzlich vor der Blechflut steht wie vor dem Meer, wenn man den gräsernen Deich hinunterläuft und die Nordsee über die Priele wieder ans Land kommt. Die *Friesenstube*, das ist nur ein

Fenster links und eines rechts und eine Tür in der Mitte, mit jeweils einer Schalke-Fahne darüber. Königsblau. Die Kneipe duckt sich, wie die alten Bauernhäuser in Nordnordwest sich vor den Stürmen wegducken, tief unter das Reetdach, aber die *Friesenstube* geht in die Knie unter der Last eines Parkhauses. Über ihr gähnen die leeren riesigen Autoregale wie zahnlose übereinandergestapelte Mäuler. Neben ihr ist nichts und davor stehen ein paar Plastiktische mit Aschenbechern vor einer kleinen Leinwand, die eigentlich nur ein größerer Fernseher ist. Auf der spielt Schalke und Schalke spielt schlecht, seit Wochen schon.

Gabi hat mich hierhergeschickt. »Da gehen viele aus dem Viertel Königsblau gucken. Ich hab's ja nicht so mit Fußball«, sagte sie, und selbst dass Leipzig heute spielt, die Mannschaft ihrer Heimatstadt, konnte sie nicht überzeugen.

»Wenn's wenigstens Lok wäre oder Sachsen Leipzig! Aber was hab ich mit Red Bull zu tun?«, fragte sie und antwortete: »Kapitalismus pur. Da ist mir Schalke ja auch lieber.«

Wobei mir die Frage erlaubt sei, was Schalke dann ist? Kommunismus? Echte Liebe? Die Knappen ohne Bergbau? Genau da liegt das Problem. Seit Jahren schon.

Ömer schüttelte auch den Kopf und zürnt, dass er die Kneipe gar nicht kennt. Dass das so eine typische Kartoffelkneipe sei, und wenn er überhaupt Fußball gucken würde, dann Fenerbahçe in Rotthausen mit seinem Bruder. »In euren Kneipen, da gucken die mich immer so an.« »Immer noch und selbst hier?«, fragte ich und er nickte. »Ja, immer noch und auch hier.«

Den Hautton Olive findet man an diesem Abend jedenfalls nicht unter den Matrosen der *Friesenstube*. Sie hocken in kleinen Gruppen um die Glotzen, die windschief vor den Wänden hängen. Bestuhlt ist der ganze Laden mit einer wandlangen Sitzgarnitur. So eine hatten wir in unserer Küche auch in den Achtzigerjahren in der DDR. Rot ist der abgewetzte Stoff, bedruckt mit gelben geometrischen Figuren, die einen psychedelischen Sog nach unten ausüben, wenn man zu lange daraufguckt. Aber man soll ja auch auf die Fernseher schauen. Neben mir ist unter einer Bierwerbung aus Emaille ein schmales Bild des schäumenden Meeres an die Wand genagelt, das in seiner Einzigartigkeit im ganzen Raum wie der Blick durch ein Bullauge erscheint. Als würde das Schiff die Tauchfahrt beginnen. Die Lampe, die metallen schwer von der hölzernen Decke hängt und die im Weg wäre beim Blick auf das flimmernde Fußballfeld, haben sie zur Seite gezogen und an der Wand festgetäut. So hat dieses Schiff Schlagseite, oder aber ist zumindest die See schwer, und was

Schalke in dieser Saison angeht, liegt man damit nicht ganz verkehrt. 8:0 haben sie gegen die Bayern das Eröffnungsspiel der Saison verloren. Acht zu null! Das war ein fußballerischer Offenbarungseid. Was also soll noch kommen?

Heute ist der 3. Oktober 2020, der dreißigste Jahrestag der deutschen Wiedervereinigung. Das interessiert hier natürlich absolut niemanden, aber Gabi und ich haben uns gestern Abend trotzdem durch die Fernsehmediatheken geklickt. In der ARD hatten wir die Wahl zwischen dem singenden Braunkohleostbergmann *Gundermann,* waren *Willkommen bei den Honeckers,* konnten uns bei *Wir Ostdeutsche* einfühlen oder den *Letzten Sommer der DDR* genießen. Das ZDF kümmerte sich um *Prostitution in der DDR* und zeigte den Spielfilm *Adam und Evelyn,* eine Ingo-Schulze-Verfilmung in der Regie des Halbbruders von Gregor Gysi, der *Länderspiegel* deklinierte mal wieder durch, was es heißt: *Jung, männlich, ostdeutsch* zu sein. Außerdem im Angebot: *Ein Staat geht – Abschied von der DDR*. Bei *Frontal 21* heißt es *Ossi? – Na und!,* worüber Gabi und ich wirklich lange lachen mussten und uns dieses »*Ossi? – Na und!*« so lange vom Sofa zum Sessel hin und her zuriefen, bis wir in akute Atemnot gerieten. »So nenne ich mein nächstes Soloprogramm«, japste Gabi: »Zonengabi – Ossi? Na und!«

Ömer saß mit verschränkten Armen im riesigen beigen Fernsehsessel seines Vaters und sagte: »Ein Mal wünsche ich mir das, ein Mal nur, einen Abend der türkischen Einwanderer im deutschen Fernsehen. Fast drei Millionen sind wir inzwischen, aber stattdessen fällt jedes Jahr die Mauer in Endlosschleife.« Er knabberte ein paar Sonnenblumenkerne.

»Einmal: *Osmane? – Na und!*«, schiebt er noch hinterher und ich antworte: »Es kommt auf den Erinnerungsrhythmus an, mein anatolischer Freund. Ein Jahr Mauerfall, im nächsten kommt die Wiedervereinigung und dann der Mauerbau. Das ist der Dreiklang des Gedenkens. Danach ist es zwei Jahre etwas stiller und schon geht es wieder von vorne los.«

Ömer knurrt nur, als ich noch erwähne: »Wenn ich mal wieder auf einem Podium sitze als Ostexperte per Geburt, muss ich inzwischen vorher fragen: Was machen wir dieses Jahr? Mauerfall oder Mauerbau?«

Ömer war still und Zonengabi sagte in die Pause: »Ich schäl uns mal 'ne Gurke.« Und während wir die zusammen mit ein paar Oliven und Schafskäse vertilgten, klickten wir schweigend weiter durch die Mediathek. Der Westen scheint sich nicht vereinigt zu haben, da gibt es nichts zu erzählen. Kein *Bericht aus Bonn* oder *Wir West-*

deutschen. Wessi? – Na und? läuft leider auch nirgends. Die müssen doch irgendwas vermissen oder etwas dazubekommen haben? Hat es die Generation Golf und ihre Eltern überhaupt nicht verändert, dass sie in Berlin und Leipzig Professuren angenommen haben, statt in Erlangen und Bielefeld, dass sie Chefredakteure geworden sind, obwohl sie zu Hause nicht mal Ressortleiter geworden wären, dass sie Stahlwerke abgewickelt haben und ihre ausgelaugten und abgewählten CDU-Politiker, Kurt Biedenkopf und Bernhard Vogel, nach Sachsen und Thüringen abgeschoben haben? Wo die Menschen heute nach diesen beiden Landesgroßvätern übrigens am liebsten AfD wählen! Fehlt denen bis heute eigentlich nur Raider und *Wetten, dass …?*, weil sie einfach weiter in der alten Bundesrepublik leben und dabei nur von Berlin aus regiert werden?

So finden wir also nur noch eine Dokumentation: *Ost-Fußball-Klubs: Treffpunkt Dritte Liga*, was natürlich eher zum Weinen ist, denn in dieser Dritten Liga spielt fast die gesamte DDR-Oberliga. Dynamo Dresden, Halle, Zwickau, der Europapokalsieger 1. FC Magdeburg und meine tief gesunkene Liebe, der letzte DDR-Meister FC Hansa Rostock.

Abstieg tut weh und die Angst davor ist zu greifen in der *Friesenstube*. Der Wind heult durch die leeren Mäuler des Parkhauses und um den Tresen sitzen sie dicht gedrängt in Trikots von Klaas-Jan Huntelaar, Gerald Asamoah oder Suat Serdar. Dahinter führen zwei Kellnerinnen das Kommando, beide in den besten Jahren, eine klein im Samtpollover mit Leopardenprint, und die Stimme ihrer kopfgrößeren Kollegin gibt jedem die Richtung. »So, Schatz, was soll es sein?« Es gibt in der *Friesenstube* kein friesisches Bier. Statt Jever läuft hier König Pilsener und Veltins aus dem Hahn und wer den Unterschied schmecken kann, der kommt vermutlich nicht her. Zu essen gibt es Gulaschsuppe, die aussieht, als käme sie aus der Dose, aber die Buletten kann man sich immerhin warm machen lassen. »Mikrowelle, klar, was denkst du, Schatz? Ich halt da 'n Streichholz drunter?« Nach Matjes wagt keiner zu fragen.

Dieter ist spät gekommen, erst kurz vor dem Anpfiff, und hängt sich neben mich an die Küchenbankreeling. Er ist groß, hager und altersmäßig um die Rente einzuordnen. Die kurzen grauen Haare sind nach rechts frisiert und im Nacken anrasiert. Er trägt ein rot-blaues Holzfällerhemd, das er sicher anders nennt, Jeans, und die schwarzen Schuhe glänzen frisch gewienert. Die Hände sind rau und rissig, und wenn er sie aneinanderreibt, weil ein Pass nicht ankommt, weil der Ball verspringt oder der Schalker Torwart ihn in letzter

Not von der Linie kratzt, wenn Dieter dann seine großen Hände aneinanderreibt vor Sorge, dann klingt das, als würde der lange Mantel des Klabautermannes über das Deck schleifen. So schleicht der Tod, und die Angst sitzt allen im Nacken.

Sie haben den Trainer getauscht in dieser Woche, schon nach dem zweiten Spiel der Saison. Auch wenn die Schalker in diesem gegen Bremen nur 3:1 verloren, war für David Wagner Schluss und auf der Brücke steht jetzt Manuel Baum. Ein studierter Lehrer, der bisher in der Bundesliga nur den FC Augsburg trainiert hat und dort vor über einem Jahr entlassen wurde. Augsburg. Entlassen. Jetzt Schalke. Die Hoffnung stirbt zuletzt.

»Da kannste auch 'nen Pavian auf die Trainerbank setzen«, schnauzt es aus einer der Küchenbankkajüten neben uns, als die munter kombinierenden Leipziger in Führung gehen. Durch ein Eigentor der Schalker. Für jemanden, der Augen hat zu sehen und dessen Herz nicht blau-weiß ist, war das nur eine Frage der Zeit und eigentlich ein Wunder, dass die Null 31 Minuten gestanden hat. Dieter reibt die Hände aneinander: »Wenn die nur nicht so viel verdienen würden«, sagt er und ich denke, die verdienen so viel, weil wir hier alle hocken.

Mit uns in der Nische sitzt Marion, auf deren rosa Kapuzenjacke Engelsflügel aus Strass funkeln.

Sie ist um die fünfzig und ihre Freundin Biggi, mit der sie schon den zweiten Cola Rum trinkt, trägt die Haare wie Andre Agassi in den Achtzigerjahren. Die Augen der beiden rutschen immer wieder vom Bildschirm, während die ihrer Männer dort wie festgetackert kleben. Marion geht raus, eine rauchen, schon zum dritten Mal in der ersten Halbzeit, und Biggi Agassi winkt ab Richtung Fernsehschalke und geht hinterher.

Dieter raucht nicht mehr. Seit Jahren schon nicht mehr. Hat am Hochofen gestanden mit zwanzig Jahren am Schalker Verein. »Da haste 'ne Haut gekriegt wie 'ne Echse. So heiß war dat.« Später dann im Lager und im Büro, bis sie den Laden dichtgemacht haben 2004, von einem Tag auf den anderen, und die ganze Schose nach Tschechien verkauft worden ist. Die Produktionsausrüstung hat rübergemacht, die Arbeitslosigkeit ist hiergeblieben. Danke, Mauerfall. Dieter hat noch ein paar Jahre auf dem Bau gearbeitet. »Immer schön Solidaritätsbeitrag bezahlt all die Jahre. Damit ihr euch da drüben …« Weiter redet er nicht, aber ich weiß schon, was er sagen will.

Wenn ich in Schwerin am Schloss stehe und das Dach des heutigen Parlaments golden in der Sonne glänzt, brauche ich nie länger als zehn Minuten zu warten, bis jemand vorbeispaziert und sagt: »Alles von unserem Geld.« Mit schwäbischem

Dialekt oder hessischem. Dieter hat sich in Rage geredet und das will er gar nicht, aber die Schalker kriegen schon das zweite Tor und Dieter kriegt das zweite Bier. Das will er eigentlich auch nicht so schnell, weil er das ja auch bezahlen muss und er langsamer trinken wollte. »Hättest du früher sagen sollen, Schatz«, sagt die Tresenfrau und macht einen Strich auf dem Deckel. 1,50 Euro kostest das Nullzwei. Und Dieter winkt ab. »Passt schon.«

In der Pause gehen wir raus und dem Parkhaus gegenüber steht ein Denkmal für die Träume Gelsenkirchens. Aus der Zeit, als man dachte, das geht immer so weiter mit der Kohle und dem Stahl, obwohl die ersten Zechen schon dicht waren. Das Hamburg-Mannheimer-Haus bohrt sich in den Ruhrgebietsabendhimmel. Es ist fünfzehn Stockwerke hoch und um jede Etage zieht sich ein breites orange leuchtendes Band. Feinste Siebzigerjahre-Architektur, so popbunt, dass die Gelsenkirchener es angeblich Orangenkiste nennen, aber da bin ich vorsichtig, weil auch kein Berliner den Fernsehturm Telespargel nennt.

»Doch, doch, manche sagen schon ›Orangenkiste‹, aber die meisten noch ›Hamburg-Mannheimer‹«, sagt Dieter, während wir zigarettenlos, mit den Händen in den Taschen, um das höchste Haus der Stadt schlendern.

Bei Hamburg-Mannheimer denkt der Rest von Deutschland vermutlich zum einen an den freundlichen Herrn Kaiser aus dem Werbefernsehen, der die ganze Familie mit einem vertrauensvollen Lächeln bis unters Dach versicherte, so gut und selbstlos, dass man schon als Kind und auch im Osten dachte: Da stimmt doch was nicht. Der klaut doch den Omas den Sparstrumpf, während er so nett lächelt. Das konnte nie bewiesen werden, aber 2011 kam ans Tageslicht, dass die Hamburg-Mannheimer-Versicherung ihre besten Herrn Kaisers, all die allerbesten Versicherungsverkäufer, nach Budapest ins Hotel Gellert einlud. Dazu bestellte der Konzern noch ungarische Prostituierte, die mit Bändern am Arm gekennzeichnet waren, und diese farbliche Markierung verriet, wie genau Herr Kaiser diese Frauen bumsen durfte. Und da gab es natürlich feine Unterschiede. Denn der allereinfachste Herr Kaiser durfte sexuell noch lange nicht, was der allerwichtigste Herr Kaiser durfte. Frau Kaiser als Superduperversicherungsverkäuferin schien es im Konzern in der BRD nach der Jahrtausendwende sowieso noch nicht zu geben.

Die Hamburg-Mannheimer-Versicherung hat sich natürlich entschuldigt und dann einfach ihren Namen geändert. Jetzt heißt sie Ergo, was übersetzt »Also-Versicherung« heißt. Als solche ist sie auch Hauptsponsor im DFB-Pokal, aber im Hamburg-Mannheimer-Haus in Gelsenkirchen sitzt sie natürlich schon lange nicht mehr. Das heißt auch nicht Ergo-Haus. Der alte Name ist hängen geblieben wie Scheiße am Schuh.

»Da hat mal ein Kollege von mir gewohnt«, sagt Dieter, legt den Kopf in den Nacken und zeigt so zwischen das zwölfte bis dreizehnte quietschorange Etagenfach. »Da haben wir manchmal Skat gespielt. Konnte man weit gucken.« Und ich versuche, mich dahin zu träumen. In das Jahr 1976 vielleicht. Da ging es mit der Kohle schon abwärts, mit dem Stahl auch, aber Schalke 04 wurde immerhin Vizemeister und schlug die Bayern sage und schreibe mit 7:0. Man konnte da oben sitzen, über das ganze Ruhrgebiet schauen und den noch zahlreich rauchenden Schloten beim Qualmen zugucken. Und was man dann wohl gedacht hat? »Da hatten wir auch noch Frauen«, sagt Dieter und ich bringe es wirklich nicht über das Herz, da tiefer zu bohren, und so bleiben wir aufs Stichwort stumm vor dem Orion-Shop stehen, der heute das Ladenlokal im Hamburg-Mannheimer-Haus gemietet hat, und gucken in die mit Erotikpuppen bestückten Schaufenster. Die tragen Gummiwäsche über Plastiktitten, Augenbinden überm leeren Blick und rosa Strumpfbänder aus Silastik, die schon beim Hingucken eine Hautreizung verursachen.

Ich kann mich nicht erinnern, wann ich den letzten Erotikshop gesehen habe, aber nach dem Mauerfall verbreiteten die sich wie Tripper nach einem Piratenlandgang. Wo früher zwischen Magdeburg und Frankfurt/Oder leere Regale beim Obst und Gemüse gähnten, wurden in den Neunzigern die Schaufenster schwarz verklebt und im Schummerlicht dahinter Dildos, Pornos und Latexunterwäsche verhökert. Bis das ganze Gewerbe ins Internet abtauchte, und warum ausgerechnet hier, in Gelsenkirchen, so ein Laden noch Kundschaft findet, kann ich mir schon wieder nicht erklären und hat Dieter gerade gesagt, dass es dort auch Sadomaso-Filme gibt, in denen man sich von einer Dortmunder Domina verhauen lassen kann? Mit einer schwarz-gelben Peitsche?

»'ne zugige Bruchbude ist das«, knurrt Dieter jetzt aber wirklich und macht sich wieder Richtung *Friesenstube* auf den Weg zur zweiten Halbzeit. Das ganze Hamburg-Mannheimer-Haus behagt ihm nicht, was auch verständlich ist, denn dieses leuchtend orange Traumhaus der Siebzigerjahre, für das man damals selbstverständlich das alte historische Rathaus an gleicher Stelle abgerissen hat, beherbergt heute das Jobcenter der ärmsten Stadt Deutschlands. Und darüber möchte Dieter nun wirklich nicht sprechen. Lebenslauf, Umschulung, Leistungskürzung? Auf gar keinen Fall. Statt großräumiger Versicherungsbüros, statt Nutten und Koks gibt es über fünfzehn Stockwerke nur noch »Beratung und Vermittlung von Geldleistungen« und im Erdgeschoss träumen Sexpuppen in Reizwäsche von einem Märchenprinzen mit einem Herzen aus falschem Gold.

Es spült uns zurück in die *Friesenstube* und die Herrin der Kombüse im Leopardenprint aus Samt fragt einen, der am Tresen schon mit mächtig Schlagseite vor Anker liegt: »Leck mich am Arsch, willste das Rundumpaket?«, was heißt, dass sie ihm ein Taxi rufen würde. Will er nicht. Der Kollege mit Koteletten breit wie Oberarme hat sich Schalke für heute weggesoffen. Er schnappt sich seine ALDI-Tüte und wankt im schönsten Reeperbahnschritt in den Abendregen vor der Tür. Feinstes Schmuddelwetter jetzt, eigentlich fast schon norddeutsch. Ich muss an Helga Feddersen denken, die in Gelsenkirchen am Theater ihr erstes Engagement hatte, das sie allerdings nach einem halben Jahr abbrach. Der Frau, die sich in jeden Quatsch geschmissen hat, der keine Blödsinnswanne zu voll war, der war Gelsen zu viel.

»Ich kann ohne meinen BH leben, aber nicht ohne mein Hamburg«, soll sie als Entschuldigung gesagt haben. Ich habe noch nie einen BH getragen, aber unter der schief hängenden Lampe in der *Friesenstube* kann ich sie trotzdem gut verstehen.

Bei Schalke 04 hat vor ein paar Jahren der spanische Weltpokalsieger Raúl gespielt. Gut, er hat in Düsseldorf gewohnt, aber jeden zweiten Samstag hat er in der Veltins-Arena elegant die Bälle verteilt. Das kann man heute nicht mehr glauben, bei dem Hauen und Stechen auf königsblauer Seite. Sie werden auseinandergenommen von einer seelenlosen Mannschaft, die mit Leipzig etwa so viel zu tun hat wie Red Bull mit einem frisch gezapften Bier. Aber diese Mannschaft wurde von Profis zusammengestellt, wie ein Aktiendepot. Ein technisch begabter Slowene, eine Abwehrkante aus Frankreich, der Torwart aus Ungarn, der eine Stürmer aus Dänemark und der andere aus Norwegen. Alle günstig und jung erworben. Jeder Einzelne nicht der Rede wert, aber zusammen sind sie eine Erscheinung. Es gibt keinen Star im Leipziger Team, aber dafür sitzt mit Julian Nagelsmann der wohl aufregendste deutsche Trainer auf der Bank. Der hat schon mit Ende zwanzig die Retortenmannschaft aus Hoffenheim trainiert und ist ein Taktikfuchs und Offensivliebhaber. Leipzig spielt fantastischen Fußball, sie rennen herum wie junge Hunde und hetzen die Schalker zu Tode. Früher wurden die Königsblauen einmal im Jahr unter Tage geschickt, damit die Millionäre etwas Staub von der Bergbautradition der Stadt aufnehmen konnten. Auch den spanischen Weltmeister

Raúl, die Real-Madrid-Legende, haben sie vor ein paar Jahren noch runter ins Bergwerk Auguste Victoria in Marl gebracht. In 1078 Meter Tiefe stand er da und lächelte etwas verloren unter dem weißen Bergmannshelm.

Aber die Wahrheit liegt auf dem Platz. Heute und nicht in der Vergangenheit. Und die Wahrheit am 3. Oktober 2020 ist: Es hätte wieder 8:0 enden können! Aber der Traditionsverein von der Emscher, den angeblich 240 Millionen Euro Schulden drücken, geht mit viel Glück nur 4:0 gegen diese Sachsen aus aller Welt unter. Der Bundesligatabellenführer am 30. Jahrestag der deutschen Einheit heißt RB Leipzig und mir ist das ein bisschen peinlich.

TRINKHALLENBLUES

»Es ist der einzige Ort, an dem ich ich selbst bin.« So hat es Ömer gesagt, spätnachts in der Dickebank, in der kleinen Küche des Bergmannheims. Eine runtergebrannte Kerze brannte noch so gerade eben und warf zitternd Schatten an die Wände um uns herum. Auf dem Tisch standen ein paar leere Bierflaschen, ein sehr voller Aschenbecher, schwarz, mit einem Doppelbock darauf. Auch die Rakiflasche war leer. Schlüppi hatte sie drehen lassen auf dem polierten Holz, hatte seinen Tabak und das Feuerzeug in die Hemdtasche gesteckt, die Biere beiseitegeschoben und dann die Flasche auf die Reise um sich selbst geschickt. Sie tat dies lange und fast lautlos und der Hals zeigte am Ende auf die leere Wand zwischen dem alten Grundig-Radio und einer nach unten hängenden getrockneten Hortensie.

Trotzdem sagte Ömer diesen Satz, ohne dass ihn jemand danach gefragt hatte, so als würde er sich selbst etwas erklären. Er erbte diesen Kiosk von seinem Vater Mitte der Neunzigerjahre, als er selbst in Berlin lebte. »Die sinnloseste Zeit meines Lebens.« Am Brandenburger Tor habe er auf einem Klapptisch die Reste der Mauer an Touristen verkauft, NVA-Armeemützen und Schneekugeln mit dem Fernsehturm in ihrer Mitte. Tag für Tag und Mauerstück für Mauerstück sei da seine Lebenszeit über den Tisch gegangen für etwas, mit dem er nichts zu tun hatte und ja, eigentlich habe er Gelsenkirchen zu dieser Zeit vermisst. Aber er konnte oder wollte nicht zurückgehen, erst als sein Vater überraschend gestorben sei, da wäre es für ihn klar gewesen, wo er hingehört. Nämlich nach Gelsenkirchen in diese Bude.

»Na, dann muss ich mir das auf jeden Fall ansehen«, sagte Schlüppi, drehte sich eine Zigarette, aber zündete sie nicht an. Er steckte sie sich hinter das rechte Ohr und ich wusste, dass er sie später oben in der Mansarde, die wir nun schon seit zwei Nächten teilten, rauchen würde. Auf dem Fensterbrett sitzend, mit den Beinen nach draußen baumelnd und den Blick in die Krone der Linde davor gerichtet.

»Meine Eltern wollten sich immer ein Haus in der Türkei bauen, von dem Geld, was mein Vater unter Tage verdient hat und meine Mutter später in der Wäscherei. Daheim, in unserem Dorf«, sagte Ömer auch noch, und sie wollten, wenn dieses Haus steht, wieder zurückkehren. »Wie oft wir darüber gesprochen haben, hier in Gelsen. Wenn wir erst alle wieder zu Hause sind.« Er sieht in die blakende Kerze und trinkt einen letzten Schluck Bier. »Es war schon lange vor dem Mauerfall fertig, aber dann wollte mein Vater doch noch bleiben. Bis zur Rente noch. Die hat er nicht erreicht. Ist einfach eines Morgens nicht mehr aufgestanden.«

»Herzinfarkt«, sagt Gabi und räumt die leeren Flaschen unter die Spüle. »Ich hoffe, das liegt nicht in der Familie.« Ömer redet weiter, als hätte er diesen Satz gar nicht gehört.

»Meine Mutter ist damals dann sofort zurückgegangen. Seit Vaters Tod lebt sie nun wieder allein in der Türkei in diesem viel zu großen Haus und ich, ja ich stehe in seiner Trinkhalle.« Er reicht Gabi die Rakiflasche und streicht über den nun leeren Tisch. »Morgen um sieben Uhr übrigens auch, also Feierabend, meine Herren.«

Schlüppi und ich verlassen am nächsten Abend die Dickebank seitlich. Nicht über eine der Straßen.

Wie ein steinernes Zirkuslager stehen die Häuser mitten in Ückendorf. Wir gehen durch den kleinen Park, der zwischen der evangelischen und der katholischen Kirche liegt, die sich ähneln wie Backsteingeschwister, rüber zur Ückendorfer Straße.

»Meine absolute Lieblingsstraße«, sagt Schlüppi und dabei ist er erst drei Tage hier, seit er beschlossen hatte, mir beim Westenbetrachten Gesellschaft zu leisten.

»Warum?«, frage ich und er antwortet: »Na, schon wegen des Namens, weil sie so schnurgerade von Norden nach Süden führt, als wüsste sie, warum. Weil es eine gute Currywurst gibt in der *Scharfen Ecke* und weil mir auf der Bochumer Straße schon zu viel Chichi ist.« Es gibt einen Skaterladen auf der Bochumer, ein paar Ateliers und auch eine Galerie, aber es ist schon auch noch genug graues Grau da, wie ich finde. Ich könnte nicht sagen, welche mir lieber ist. Auch nach den vielen Wochen nicht.

Ich kann Schlüppis Begeisterung überhaupt nur sehr schwer teilen. Er richtet sich seit Tagen in der Vergangenheit des Ruhrgebietes ein wie in einer Zweitwohnung. Das, was er an DDR-Vergangenheit in Berlin inzwischen mühsam suchen muss, steht hier einfach so rum und verfällt auch noch malerisch. Zeche, Stahlwerk und Schalke, das sei doch wie »Max braucht Wasser«, die große Friedländer Wiese und Brieske Senftenberg. So was schweiße die Leute zusammen. Für immer!

»Alter«, hat er zu mir gesagt, als er die Zechenhäuser in der Dickebank das erste Mal sah. »Da würden sich die Berlin-Mitte-Muttis doch die Finger nach lecken. Stell dir das mal vor. So coole Häuschen mit Gärtchen für die lieben Kleinen mitten in der Stadt, und die sehen noch aus wie vor fünfzig Jahren. Originaler geht es gar nicht. Ich sehe quasi vor meinem inneren Auge deren Rotzlöffel in Fairtrade-Baumwollklamotten Laufradrennen davor fahren. Stünden die Häusken in Mitte oder Prenzlauer Berg, würden doch längst die Fassaden bunt leuchten, die Blümelein an den Fallrohren aus Kupfer hochranken, Lastenfahrräder vor der Tür stehen und in der Garage noch ein Volvokombi für den Vati. Damit der morgens schneller in die Agentur kommt. Bio-Supermärkte ohne Ende und in jeder Richtung ein Yogastudio.« Er hob zufrieden die Hände wie ein Priester. »Und hier? Kollegen! Alles noch original und ohne Lack. Echtes Leben eben.«

»Schlüppi«, hätte ich gerne gesagt, »es geht den Leuten in Gelsen wie dir mit der DDR. Die Zeiten, wo sie alle unter Tage waren oder an den Hochöfen standen, werden immer schöner, je länger sie vorbei sind. Bergmannsglück und volle Kneipen.

Ne, wat schön!« Aber ich weiß, das will er genauso wenig hören wie viele Leute hier. Also sage ich: »Das Ruhrgebiet ist noch nicht entdeckt worden, hat Heinrich Böll mal geschrieben.«

Schlüppi nickt neben mir zufrieden: »Na, zum Glück. Ich hoffe, das bleibt auch so.«

»Nicht sieben oder acht Stunden Arbeit, sondern sieben oder acht Stunden Gefangenschaft, täglich«, hat der Kölner Nobelpreisträger 1958 über die Maloche unter Tage auch noch dazugesetzt, aber das wird deutlich seltener zitiert und begeistert waren sie davon auch nur außerhalb des Ruhrgebietes.

Wir gehen an zwei Nachbarsmädchen vorbei, die auf der Rückenlehne einer Bank hocken und kiffen und für die wir heute Abend Luft sind. Neben der katholischen Kirche steht eine relativ große Bude, ein frei stehender Kiosk, wo es Bier und Zigaretten gibt, Süßigkeiten, Milch, Eis und Klopapier, und hundert Meter weiter kurz vor dem Lidl steht das nächste mit exakt dem gleichen Angebot. Das ist ein kleiner Pavillon mit zwei verklinkerten Säulen unter dem vorgezogenen Dach. Auf die weiße Seitenwand hat der Besitzer das Schalke-04-Wappen gemalt. Zwischen dem Supermarktparkplatz und diesem Kiosk führt der Radschnellweg vorbei und zwei vielleicht sechsjährige Jungs mit Wollpullovern über den verwaschenen Jeans stehen im Dämmerlicht an dessen Rand und lassen sich von den Fahrradfahrern abklatschen wie bei der Tour de France. Sie biegen sich jedes Mal vor Lachen, wenn eine Hand die ihre trifft.

Schlüppi bleibt stehen, besieht sich diesen Büdchenpavillon wie ein Kunstwerk und nickt anerkennend. »Das war früher das Pförtnerhäuschen einer Maschinenfabrik«, sage ich. »Weißt du, wie die hieß?« Ich warte einen Moment, und als er endlich seinen Blick losreißt und mich ansieht, sage ich: »Geldmacher hieß die. Und außer dem Pförtnerhäuschen ist sie natürlich Geschichte. Lange schon.«

Ömer legt Wert darauf, dass sein Verschlag eine richtige Trinkhalle war. »Die Bergleute haben so viel gesoffen vor hundert Jahren unter Tage, Schnaps und Bier und was weiß ich. Und die Zechen haben das sogar noch gefördert, haben denen das Zeug hingestellt, bis die Kumpel alle Alkis waren«, sagt er, und erst dann wäre man auf die Idee gekommen, denen mal was anderes anzubieten, und weil man das Wasser aus dem Hahn hier zu dieser Zeit nicht trinken konnte, sind die Buden entstanden, wo es keinen Alkohol gab, aber in einigen sogar Milch. Er ist extra aus dem Kiosk herausgekommen, der seitlich an ein Wohnhaus gebaut ist, und wirkt dabei, als würde er eine

Bühne, als würde er ein kleines Theater verlassen. Die Bierflaschen, die er vor uns auf den frisch abgewischten runden Plastikstehtisch stellt, sind eiskalt. Schlüppi deutet auf ein grünes Schild, auf dem darauf hingewiesen wird, dass der Alkoholgenuss im Umkreis von zwanzig Metern verboten ist, aber Ömer winkt ab: »Ausnahme! Heute kommen sie natürlich wieder alle wegen Bier her und wegen Zigaretten«, sagt er und verschwindet. Schließt die Tür sorgfältig hinter sich und sein Kopf erscheint in der kleinen Luke vor uns.

Sein Blick folgt unserem. Wir betrachten eine Frau, die die Ückendorfer hochkommt. Sie ist unschätzbar alt, trägt einen braunen Rock und einen Friesennerz, der in der anbrechenden regenlosen Dunkelheit gelb leuchtet. Hinter ihr hoppelt ein dicker Dackel, der um den Hals ein Lederband trägt, auf dem kleine rote Lampen müde blinken, wie an einem Weihnachtbaum. Die Frau bleibt immer wieder stehen, bis der Hund zu ihr aufschließt, und in diesem Rhythmus erreichen sie uns nach einer Weile. Sie geht an Schlüppi und mir vorbei, als würde sie uns gar nicht sehen: »So, denn mal zweite Runde, Ömer. Wat 'n Tach«, sagt sie und verstummt wieder. Dann dreht sie sich doch zu uns um. Ihre kurzen Haare sind pechschwarz gefärbt, statt Augenbrauen trägt sie zwei ebenso schwarze schmale angemalte Striche und dann fährt sie sich einmal mit dem linken Handrücken unter der Nase durch.

Schlüppi prostet ihr zu. »Macht ihr Party oder wat?«, sagt sie, aber bevor wir antworten können, hat sie sich schon wieder umgedreht. Ömer hat ihr eine Packung Toffifee hingelegt und darauf eine Schachtel Marlboro. Sie kramt in einem großen schwarzen Portemonnaie und der Hund sitzt neben ihr, hechelt und sieht so aus, als würde er den Weg zurück nicht mehr schaffen.

»Na, denn bis morgen früh«, sagt sie und dann noch »Komm man, Günther.« Der Dackel drückt sich auf seine kurzen Beine und trottet wieder hinter ihr her. »Günther hieß auch ihr Mann«, sagt Ömer, als sie außer Hörweite ist. »Der hat aber auch nicht mehr geredet als der Hund. Und sie hat früher bei Flachglas gearbeitet. Wisst ihr, wie Glas gemacht wird?«, fragt er. Wir schütteln synchron den Kopf. »Früher kam mal jede dritte Fensterscheibe in Deutschland aus Gelsenkirchen …«, aber dann winkt er ab und wirft das Geld, das die Frau abgezählt vor ihn hingelegt hat, in die Kasse. »Inge kommt jeden Morgen und holt sich ihre Zeitung. *BILD* oder *WAZ*, was anderes liest hier auch keiner. Sie guckt nicht mal auf die Schlagzeile, weil sie das erst zu Hause durcharbeitet. Ich gieße ihr meinen ersten frisch gebrühten Kaffee ein. Um Punkt sieben Uhr. Ohne Milch, zweimal Zucker.

Und dann geht sie wieder mit Günther und kommt am Abend für die Kippen und den Süßkram wieder. Zwei-Schicht-System nennt sie das. Und sagt, dass sie sich sonst zu wenig bewegen. Der Köter und sie.«

Schlüppi nimmt einen Schluck Bier, guckt die Straße hinunter Richtung Wattenscheid, von wo die Autos inzwischen mit eingeschalteten Lichtern auf uns zu- und an uns vorbeifahren. Wir nehmen die ganze Bude in Augenschein. Die Scheibe links neben Ömer ist zugeklebt mit Eiswerbung, die rechts wird verdeckt von den Rückseiten der Schubfächer, in denen die losen Süßigkeiten liegen, die sich die Kinder zur *Bunten Tüte* zusammenstellen können für ein paar Cent. Die leuchten schlumpfblau, blutrot, mausweiß und giftgrün. An der rechten Seite der Trinkhalle, neben der kleinen Tür, kreuzt eine Puppe, deren Cousine Barbie sein könnte, im flachsroten Cocktailkleid ihre dünnen Beine. Auf dem Dampfbügeleisen der Marke Russell Hobbs liegen zwei Biergläser, einzeln, noch im Karton. Daneben in winzigen Pappfächern alle erdenklichen Kaugummipackungen, bewacht von einem Plüschhund für 7,89 Euro, der den Blick auf Ömer gerichtet hat. Der wiederum uns aus seinem erleuchteten Reich beobachtet, wie wir die Batterien in den oberen Regalen betrachten, die eingeschweißten

Sonnenbrillen, die blauen Parkzeituhren aus Pappe, hinter denen eine Tüte Kesselchips auf ihren Besitzer wartet, und über all dem eine Hunderterpackung hellblauer OP-Masken. Daneben leuchtet mit roten Punkten elektrisch geschrieben noch einmal das Wort KIOSK, als könnte man das plötzlich vergessen haben. Gabi schwor mir in der Dickebank vor ein paar Tagen, dass es immer noch Dinge in der Bude gibt, die Ömers Vater da reingestellt hat. Unter anderem einen Karton gezuckerter Mandarinen, die er abends manchmal seinen Kindern mit nach Hause brachte. »Da beulen sich die Deckel, aber die wird Ömer nie wegwerfen. Die nimmt er mit ins Grab.«

Ömer fährt sich über den grauen Schnäuzer: »Wisst ihr Ossis denn überhaupt, wie das damals losging im Pott?« Es gibt nicht viele Menschen, die Schlüppi ungestraft Ossi nennen dürfen, aber Ömer gehört offensichtlich dazu.

»Lass hören«, sagt er.

»Als es hier nicht mehr gab als kleine Dörfer, Wiesen, Wälder und ein paar Flüsse, hat ein Junge, ein Schweinehirt, am Abend sein Feuer machen wollen. Eine der Säue hat mit der Schnauze schon ein Loch gegraben und der Hirte legte sein Holz da hinein, zündete es an und schlief ein. Als er aber am nächsten Morgen erwachte, da glühten die Steine unter seiner Asche immer noch rot und er zeigte dieses Wunder seinen Eltern. So wurde die Kohle entdeckt. Ein Junge, nicht älter als die Rumänenbengel, die den ganzen Tag oben am Lidl auf dem Parkplatz rumhängen. Die mit ihren zu großen Fahrrädern zwischen den Autos rumkurven, die Leute in den Wahnsinn treiben und deren kleine Brüder hier mit mir über die *Bunten Tüten* rumfeilschen, auch wenn sie manchmal nicht älter als fünf sind.«

Er reicht uns noch zwei Bierflaschen aus seinem Kabuff: »Warum habt ihr die Rumänen in die EU aufgenommen und uns Türken nicht? Die sind viel unordentlicher als wir!« Er deutet auf seinen roten Mülleimer mit dem weißen doppelt geschwungenen Langnese-Herz darauf und einer Mülltüte darin. »Glaubst du, einer von denen wirft sein Eispapier da rein? Noch nicht mal, wenn ich ihnen das Eis schenke!«

Schlüppi lächelt mühsam. Er fühlt sich immer noch für alle Bürger unserer sozialistischen Bruderländer verantwortlich, selbst wenn diese lange nach dem Ende des Sozialismus geboren wurden. »Wie siehst du denn als Deutschtürke …«, setzt er an, aber Ömer ist nicht so generös wie Schlüppi vorher beim Ossi, Ömer geht direkt dazwischen: »Ich kenne niemanden, der sich selbst als Deutschtürke bezeichnet. Wir sind Türken oder Deutsche. Deutschtürken sagen immer nur eure Sportreporter, um schon vor dem Anpfiff klarzumachen, dass Özil und Gündoğan zwar in Gelsenkirchen geboren wurden, aber doch irgendwie was anderes sind als Benedikt Höwedes oder Manuel Neuer!«

»Na ja, ist man dann nicht irgendwie beides?«

»Was fragst du als Nächstes, ob meine Schwester Kopftuch trägt? Ob ich deutsch träume oder türkisch?« Ömer kommt aus seiner Bude raus und stellt sich zu uns. »Ich sag dir was, ich träume gar nicht mehr.« Er zündet sich eine Zigarette an, aber als direkt neben uns ein großer schwarzer BMW hält, aus dessen heruntergelassenen Scheiben türkischer Rap pumpt, legt er die Kippe wieder ab und verschwindet schnellen Schrittes in der Bude. Die Bässe wummern und der Lack des Wagens glänzt. Der Mann, der aussteigt, ist ein Schrank. Seine vollen Haare sind mit Gel nach hinten gekämmt, im Nacken anrasiert und am rechten Handgelenk klimpern mehrere goldene Armbänder. Er stellt sich so vor Ömers Luke, dass der nicht mehr zu sehen ist.

Am Steuer des Autos sitzt eine Kopie des Kunden. Nur nicht ganz so breit und trotz junger Jahre schon mit Halbglatze, die verbliebenen seitlichen Haare sind millimeterkurz. Er trommelt mit den Fingern auf dem Lenkrad herum, guckt in den Rückspiegel und ruft etwas. Mindestens zwei Frauen antworten lachend aus dem Fond, aber sie sind nicht zu sehen, weil die Scheiben dunkel getönt sind.

Der Mann vor dem Kiosk redet Türkisch auf Ömer ein, aber der antwortet immer nur mit Ja und Nein auf Deutsch. Offensichtlich ohne zu zahlen, dreht sich der Schrankmann um, balanciert mehrere Bierflaschen, kleine Schnäpse, Erdnüsse, Ayran und ein pinkes Frisbee ins Auto, ohne uns eines Blickes zu würdigen, und er sitzt noch gar nicht richtig, da fährt der Wagen mit quietschenden Reifen und unter Gelächter an.

Ömer tritt wieder zu uns an den Wackeltisch, nimmt seine glimmende Zigarette und inhaliert tief. »Sprichst du kein Türkisch?«, fragt Schlüppi ihn und er sagt abwesend: »Doch, doch.« Er blickt weiter den verschwindenden roten Lichtern hinterher. »Aber warum hast du dann auf Deutsch geantwortet? Was wollte der von dir?«, frage ich und da sieht er mich an und antwortet: »Meine Sache, Kevin.«

Ömer verkauft Bier, Taschentücher, zwei Flaschen Wasser mit Sprudel. Zigaretten, Mehl und eine Packung Toastbrot. Die Leute kommen, reden mit ihm, zahlen und verschwinden. Einige zeigen auch nur auf das, was sie kaufen wollen. Die Dunkelheit verwischt die Konturen der Häuser und Bäume und wir werden melancholisch im Straßenlaternenlicht. Die Abgase der wartenden

Autos vor der Ampel steigen auf und stehen beim Abfahren einen Moment in der Herbstluft wie Zuckerwatte.

»Eis geht um diese Uhrzeit kaum noch«, sagt Ömer, öffnet ein Magnum, beißt in die Schokolade und beginnt dann plötzlich, aus seiner Luke heraus zu erzählen, wie in einem hell erleuchteten Beichtstuhl ohne Gitter. »Das erste Mal kam ich nach Gelsenkirchen im November. Das muss 1975 gewesen sein. Könnt ihr euch das vorstellen?«, fragt er und antwortet gleich selber: »Nein, könnt ihr nicht. Der Dreck, der Lärm, die vielen Autos. Ein Gebimmel und Gehämmer überall. Eisenbahnen quer durch die Stadt. Fünf Jahre war ich da alt. Tagelang mit dem Zug, damit ich Gelsenkirchen mal sehe, bevor ich im Jahr darauf dann auch mit meiner Familie in Rotthausen leben sollte. Ich kannte meine Eltern ja gar nicht.«

»Bist du in der Türkei geboren?«, fragt Schlüppi.

»Ne, in Gelsen. Aber ich bin ein Kofferkind. Meine Eltern haben mich bei meiner Omma gelassen, zu Hause in der Türkei. Da war ich dann ein Jahr alt. Bis ich ein Schulkind war. Ich erinnere mich an das kleine Haus, in dem wir dort gelebt haben, an eine Ziege und ihren Geruch. Das Brot, das meine Omma selber gebacken hat und dann mit Öl bestrich und mit den Tomaten belegte, die hinter dem Haus wuchsen. An eine kleine Welt, in der oft die Sonne schien. Aber an meine Eltern erinnere ich mich nicht. Die kamen einmal im Jahr mit meinem älteren Bruder und meiner Schwester in einem großen Auto voller Geschenke. Sie blieben drei Wochen und fuhren dann wieder ab und ich weinte und war aber auch ganz froh, wenn sie wieder weg waren. Wenn wieder Ruhe einkehrte und ich mit der Omma allein war und versuchte, meine Eltern zu vergessen bis zum nächsten Besuch.«

Ömer blickt über uns hinweg. Er sieht eigentlich aus wie zu Hause in der Dickebank. Blau-rotes Sweatshirt, Jeans, Turnschuhe. Er wirkt nur weniger gebeugt, wenn er in der Bude steht. Schlüppi sagt über seine Bierflasche hinweg: »Kofferkind klingt schön, bei uns war man stolz, wenn man ein Schlüsselkind war, wenn man …«

Aber Ömer will keine anderen Geschichten hören, will nichts wissen von dem Leben jenseits der Mauer, will in seiner eigenen untergegangenen Welt bleiben. »Kofferkind, das klingt vielleicht schön, aber das war scheiße. Wirklich scheiße. Ich bin in Gelsen in die Schule gekommen und habe kein Wort Deutsch gesprochen. Manchmal glaube ich selber nicht mehr, dass das überhaupt möglich war. Wobei das heute schon wieder genauso ist, nur aus anderen Gründen. Neben mir saß Tarik, der auch nicht viel mehr verstand, als ich. Ich habe in meiner Familie gelebt, als wäre ich ein Fremder, als hätten sie mich adoptiert. Und das Einzige, was ich wirklich sehen wollte, war, wie mein Vater unter der Erde die Kohle herausholt. Davon hat die Omma immer erzählt und ich wollte mit ihm unter Tage. Viele Hunderte Meter tief. Aber alles, was ich hin und wieder zu sehen bekam, war ein müder Mann in der Kaue, der so schwarz bis in die letzte Pore war, dass ich mich zu Tode erschrak und nicht mit ihm reden wollte.«

In den Fenstern auf der anderen Straßenseite kann man den Menschen beim Beenden des Tages zusehen. Ein Mann im Erdgeschoss ist auf dem Sofa eingeschlafen und der für uns unsichtbare Fernseher wirft ihm verschiedenfarbige Schatten auf das bärtige Gesicht. In der Wohnung daneben räumt eine Frau einen Tisch ab. Sie hat ein kleines Kind mit nackten Beinen auf der Hüfte sitzen und redet mit ihm. Vielleicht singt sie auch. Ömer kennt sie alle. Weiß, wer Bulgare ist, wer aus dem Irak kommt und wer schon immer in Ückendorf gewohnt hat. »Und was ist nun deine Heimat?«, fragt Schlüppi und Ömer geht zur Luke seines Büdchens. Er greift von außen hinein und holt einen Karton Erdnüsse heraus. Er schüttet sie auf eine Untertasse, wirft sich eine Handvoll in den Mund, kaut und ich halte es kurz für möglich, dass er einfach gar nicht auf diese Frage antwortet. Aber dann redet er doch:

»Im ersten Sommer, als wir wieder in die Türkei gefahren sind, saßen wir drei Kinder hinten im hellgrünen Ford Granada meiner Eltern. Mein großer Bruder und ich außen und meine Schwester hatte meine Mutter zwischen uns gesetzt, um uns zu trennen. Wie einen Blauhelmsoldaten. Sie las die ganze Zeit. Aber wir Jungs langweilten uns erbärmlich. Mein Bruder hatte das ganze Jahr über ›Yeni çocuk‹ zu mir gesagt. ›Der Neue‹, so als wäre unsere Familie auch eine Schulklasse, und während dieser Fahrt durch Österreich, Jugoslawien, Griechenland bewarf er mich von seinem Platz aus mit Erdnüssen. 3300 Kilometer lang. Ich habe Hunderte Erdnüsse an den Kopf bekommen, die ich danach aufaß, weil ich keinen Ärger mit meiner Mutter wollte.« Ömer wirft erst Schlüppi und dann mir ein paar Erdnüsse an den Kopf. »So. Die ganze Zeit.« Er lacht und schüttelt den Kopf. »Als wir endlich ankamen, war meine Omma nicht mehr wiederzuerkennen. Sie lag krank im Bett und ist die ganzen drei Wochen nicht aufgestanden. Ein Jahr später war sie tot. Tja, Heimat. Ist ein großes Wort.«

Zwei junge Frauen treten von hinten an Ömer heran und umarmen ihn von beiden Seiten. Sie tragen kurze Röcke, Pumps, ihre Lippen sind rot bemalt und ein schwerer Parfümhauch weht über den Tisch. Die Größere sagt: »Wir wollen Klümkes, Ömer!« und der lacht: »Kriegt ihr, kriegt ihr.« Dann verschwindet er in seiner Bude und füllt ihnen unter allseitigem Gelächter eine Papiertüte voll mit sauren Drops und Gummigetier. Sie winken und gehen die Ückendorfer Straße hoch. Ömer sieht ihnen nach: »Die beiden kommen schon, seit sie Schulmädchen waren, zu mir.« Dann sieht er uns an, lehnt sich auf die Ausgabe und steckt den Kopf etwas vor, wie ein Vogel im Käfig. »Wisst ihr, alles, was man bei mir kaufen kann, gibt es da hinten beim Lidl billiger. Der hat inzwischen auch fast so lange auf wie ich. Nur am Sonntag nicht. In alle Richtungen findest du spätestens in hundert Metern 'ne andere Bude, das genau dasselbe wie ich verkauft.«

Er kommt wieder zu uns nach draußen und stellt zwei frische Biere vor uns auf den Tisch. »Es gibt in Gelsen keine Kohle mehr, keinen Stahl, keine Brauerei, kaum noch Fabriken. Schalke steigt nun ganz offensichtlich auch ab. Aber was es noch gibt, sind die Trinkhallen. Du suchst dir deine Bude aus in deinem Viertel und dann gehst du da immer hin, wenn du ein Bier willst oder morgens einen Kaffee mit 'nem belegtem Brötchen. Oder wenn dir der Zucker ausgegangen ist für den Sonntagskuchen. Die Leute haben sich mich ausgesucht. Einer meiner Neffen hilft mir ab und zu, und solange wir davon leben können, werde ich hier stehen. Fünfzehn Stunden am Tag, sechs Tage die Woche, und ihnen das verkaufen, was sie wollen. Die Trinkhalle ist meine Heimat.«

WOHLSTAND

»Aber fühlen Sie sich denn noch als Ostdeutscher?«, fragt mich K. B. und erwischt mich dabei auf dem falschen Fuß. Obwohl ich sitze. Auf einer weißen Ledercouch in seiner Bergwerksdirektorenvilla. Neben uns steht ein Flügel, auf dem niemand mehr spielt, seit seine Kinder ausgezogen sind. Manchmal würde es hier Hausmusik geben, hatte er gerade gesagt und dann kam plötzlich dieser Ostdeutschenhaken. Direkt ans Kinn: »Also ich fühle mich längst nicht mehr als Westdeutscher«, sagt er noch und lächelt mich verschwörerisch an.

K. B. hat Espresso gekocht und mir eine kleine, zarte weiße Porzellankanne geschäumter Milch danebengestellt. Es gibt gedeckten Apfel- und Erdbeerkuchen. Der mit diesem roten Gelee zwischen den geschmacklosen Früchten, den es auch immer bei meiner Großmutter in Schwerin gab, als das noch in der DDR lag. Manches überlebt, ohne dass man weiß, warum. Dieser Kuchen schmeckt immer und überall nach nichts, aber ich esse ihn trotzdem gern – vielleicht wegen der Konsistenz?

Gabi hat mich hierhergeschickt. Wir standen vor einer Laterne in Flöz Dickebank, an der ein Wahlplakat der Partei *Die Partei* hing, und da wurde sie kurz ausfallend. »Wenn ich das gewusst hätte damals«, schrie sie. Der Sonneborn sei doch auch mal Chefredakteur bei diesem Drecksblatt gewesen. Im November 1989 hätten sie ihr noch gesagt, dass sie sie mit diesem Gurkenfoto groß herausbringen wollen, und nun? »*Titanic* – das klang doch glamourös. Ein Luxusliner mit mir auf dem Titelbild!« Sie boxte in Richtung des Plakats und schrie Richtung Himmel: »Jetzt sitzt der feine Herr in Straßburg im EU-Parlament, kassiert die fette Kohle und stellt solche sinnlosen Forderungen!« Auf dem rostroten *Die Partei*-Plakat steht: »Für Kifferbereiche am Hauptbahnhof«. Gabi war außer sich: »Das gibt es doch schon längst! Der ganze Hauptbahnhof von Gelsenkirchen ist ein einziger Kifferbereich! Zeig mir doch mal einen, der da nach Einbruch der Dunkelheit nicht kifft!«

Aber in Gelsenkirchen gebe es auch ehrbare Leute aus der Politik, die zu Wohlstand gekommen sind, und dann hat sie mich die Bochumer Straße hinaufgewiesen. Vorbei an der kleinen Spielhalle in einem metallenen Baucontainer, in der nie jemand ist und die damit etwa so sinnvoll erscheint wie der riesige Betonbunker gegenüber, ein Überbleibsel aus dem Zweiten Weltkrieg. Wobei das Wort »Überbleibsel« für dieses Monstrum natürlich viel zu niedlich ist. Ein Landsmann habe mal Gemüse darin gelagert, hat mir Ömer erzählt. »Aber jetzt steht er wieder leer.« Ich habe einfach nicht gefragt, aus welchem der beiden Heimatländer denn dieser Landsmann von Ömer stammt. Bei Gemüse bin ich meinen Vorurteilen gefolgt.

Der Zaun vor der Bergwerksdirektorenvilla ist hoch und davor steht ein blauer Textilcontainer, um den es aussieht, als wäre er explodiert, obwohl er völlig unversehrt ist. Hemden, T-Shirts, Röcke und Hosen sind locker um ihn herum verteilt. Neben zusammengeknülltem Papier, zerdrückten Pappbechern und leeren Zigarettenschachteln. An der Straßenbahnhaltestelle davor liegt eine geplatzte große reife Melone. Zwei Viertel am Boden und eine Hälfte auf einem der blauen

Schalensitze. Das rote Fruchtfleisch leuchtet und in ihm krabbeln Dutzende Wespen. Das brummt gewaltig und scheint die beiden schwarzhaarigen etwa achtjährigen Jungen, die davorhocken, genauso zu interessieren wie mich. Sie lachen und unterhalten sich in einer Sprache, die ich nicht verorten kann. Vielleicht stehe ich zu lange wortlos neben ihnen, als sie statt des Melonenmassakers plötzlich mich anstarren und dann im Chor rufen: »Wir ficken deine Mutter« und lachend weglaufen.

Dass sich in dieser Nachbarschaft auch Reichtum versteckt, ist so wahrscheinlich wie eine Orchidee im Rasen eines Fußballfeldes. Aber hinter dem hohen Zaun sehe ich eindeutig die Villa, die weiß ist, mit einem spitzen schwarzen Dach und einem rechtsseitlichen Rapunzelturm. Also klingele ich und K. B. gegenspricht durch die Anlage, dass er mich am Tor abholen wird.

Es beginnt mit einer halben Allee, an deren Rand Trompetenbäume stehen mit rund frisierten Köpfen. Gut, nur fünf, und sie sind nicht größer als ich, aber immerhin. Eine akkurat geschnittene Hecke gibt ihnen die Richtung, aber dieser Auftritt, dieser Weg zur Villa ist einseitig, weil ihm sein Gegenüber fehlt. Dort steht statt der zweiten Reihe Bäume eine schnöde schwarze Steinwand vor dem Nachbargrundstück.

K. B., Oberstadtdirektor in den Neunzigerjahren, wollte Gelsenkirchen bei den Hörnern packen. Das ist dreißig Jahre her, aber wenn er davon erzählt, dann klingt das immer noch nach einer vertanen Chance, nach etwas, was nicht abgeschlossen ist, was vielleicht noch möglich wäre. Er ist jetzt in seinen Siebzigern. Graue Haare trägt er zum blauen Hemd, das um die Handgelenke von Manschettenknöpfen mit Glitzersteinen geschlossen wird. K. B. sagt, er sei wohlhabend, nicht reich. Aber für Gelsenkirchen ist das natürlich reich. Sehr, sehr reich. Im Eingang der Bergwerksdirektorenvilla hängt das Poster *Gelsenkirchener Barock*.

»Diese Ausstellung habe ich mir 1991 gewünscht«, sagt er und steht vor seiner Erinnerung stramm. »Für meinen Anfang.« In bunter popartiger Verschachtelung ist auf dem Poster zu sehen, worüber sich das Land noch heute lustig macht. Die dunkel glänzenden Wohnzimmerholzschränke mit runden Ecken, verzierten Scheiben und Messinggriffen. Fünfzigerjahre-Hausfrauenglück. Sperrholzgewordene Gute Stube. Für das Geschirr zum Reinstellen zum Beispiel. Eine stoffbespannte Lampe beleuchtet ufoartig das Durcheinander des Posters aus geschwungenen Stuhllehnen, einem einzelnen Reihenhaus, röhrenden Hirschen und natürlich dem stählernen Kohleförderturm.

»War auch nicht billig, das Ganze. Ich glaube so 800 000 Mark«, sagt er immer noch stolz. »Aber mir war das wichtig, dass die Stadt sich ernst nimmt und auch über sich lachen kann.« Ernst nimmt die Stadt immer noch keiner und es lachen auch immer noch alle. Da braucht man nicht mal »Gelsenkirchener Barock« zu sagen, zum Lachen reicht heute schon der Stadtname ohne Barock. Aber damals! Ja, damals. »Die Platte vom Kreisler haben wir gleich mit neu auflegen lassen«, sagt K. B. kämpferisch mit hochgezogener Augenbraue. »Gelsenkirchen räumt auf« hieß das Kunstprojekt in den Neunzigern.

Die Kreisler-Geschichte aber ist schön. Der grantelnde Wiener Taubenvergifter sang 1961 mit seiner damaligen Frau Topsy Küppers das Lied *Das gibt es nur in Gelsenkirchen* über die Radiowellen des NDR.

Das gibt es nur bei uns in Gelsenkirchen!
Herrliche Stadt der großdeutschen Kohlenbergwerkindustrie
Das gibt es nur bei uns in Gelsenkirchen!
In unserer einzigartigen Brennstoffdemokratie!

Lieblich schweben durch die Luft die schwarzen Dämpfe
Und mit heiterem Gesang

Nimmt man Kohlen in Empfang
Wer zu lang dort lebt, bekommt beim Atmen
leichte Krämpfe –
Aber wer lebt dort schon lang?

Klar, da gab es auf die Prinz-Heinrich-Mütze an der Elbe, auch wenn K. B. darüber heute verschmitzt lächelt. Der Gelsenkirchener Oberstadtdirektor, also einer seiner Vorvorgänger, beschwerte sich über den Kreislerschen Gesang beim NDR mit den Worten:

»Die Stadt Gelsenkirchen verwahrt sich entschieden gegen derartige Sendungen.«

Aber so leicht ließ sich der NDR das Ding nicht canceln und schrieb via Presseerklärung zurück:

»Ich möchte Ihnen hiermit ausdrücklich versichern, daß es dem Norddeutschen Rundfunk, besonders dem verantwortlichen Hauptabteilungsleiter Unterhaltung, ferngelegen hat, die Bürger Ihrer Stadt zu diskreditieren.«

Die Ursache der Liedermacherwut lag übrigens im Engagement seiner Frau Topsy, die nach nur einem Jahr als Schauspielerin in Gelsenkirchen gefeuert wurde. K. B. erzählt mir in der schmalen, aber hohen Diele seiner Bergwerksdirektorenvilla die Variante, die man noch heute häufig hört: »Alle, die davon etwas verstanden, haben gesagt, dass sie nicht ordentlich gearbeitet hat.« Und das war in einer Stadt das Todesurteil, in der der SPD-Oberbürgermeister noch in den Sechzigerjahren gesagt haben soll: »Wir brauchen keine Universität. Hier wird ehrlich gearbeitet.«

Jetzt schreiten wir die Kompanie der Räume im Villenerdgeschoss ab. Ich habe doch tatsächlich gefragt, ob ich die Schuhe ausziehen soll, was der Hausherr freundlicherweise einfach weglächelt. Die Decke ist durchgängig vier Meter hoch. Die Küche ist still, sonnenlichtlos und mit weißen Schränken dekoriert. »Die Besitzer der Bergwerke wohnten damals in Düsseldorf. Der Bergwerksdirektor Russell, der diese Villa erbaute, war ein Schotte, der den Leuten hier im 19. Jahrhundert das Abteufen der Schächte beibrachte«, sagt K. B. und mit dem schönen Wort »abteufen« verschwinden wir natürlich gleich wieder Hunderte Meter tief in der Erde, aber ich möchte lieber oben bleiben. Der winzige Wintergarten wird fast ganz von einem ovalen Glastisch ausgefüllt, um den die Thonet-Freischwinger so eng stehen, als zögen sie die Schultern hoch. Müsste ich mich für einen Stuhl der alten Bundesrepublik entscheiden, wäre es dieser mit der gelochten Sitzfläche. Der ist im gleichen Maße cool und spießig.

Die Villa wird von der Rückseite aus von einem roten Klinkerungetüm verschattet. K. B. schaut zärtlich über die Mauer und sagt, dass das eines der Projekte war, für das er sich damals von Ministerpräsident Johannes Rau hat nach Gelsenkirchen schicken lassen. Aus dem Bauministerium, wo er das erste Denkmalschutzgesetz mit auf den Weg gebracht hat. »So was gab es vorher gar nicht«, sagt er, und dass sie in Gelsenkirchen am liebsten alles abgerissen hätten. »Das wollte ich nicht, dass das dann hinterher in Resopal wieder aufgebaut wird, wenn Sie verstehen, was ich meine.«

Schon klar, schon klar, denke ich, doch als er fragt, wie Resopal noch mal in der DDR hieß, fehlen mir die Worte. Oder besser das Wort. Klarer Fall von Prüfungsversagen. »Sprelacart«, sagt Schlüppi später in unserer Mansarde wie aus der Pistole geschossen, und dass er glaube, mir komme der innere Osten vielleicht so langsam abhanden. Dass es Dinge gebe, die man einfach nicht vergessen dürfe! Du lässt dich da von diesem reichen Westheini einwickeln und solltest doch eigentlich wissen, wie wichtig Wörter sind. Wenn wir unsere Sprache aufgeben, verschwinden auch wir. Mann! Alter! »Wissen ist Macht«, schleudert er mir in bester Staatskundemanier entgegen und mir fällt dazu nur ein, wie er selber damals immer nach diesem sozialistisch adaptierten Francis-Bacon-Unterrichtssatz raunte: »Und Nichtwissen macht nichts.«

K. B. weiß auf jeden Fall genau um seine vergangene Macht in Gelsenkirchen. »Aus diesem Knappschaftskrankenhaus haben wir dann Sozialwohnungen gemacht«, sagt er, auf den großen Klinkerbau vor seinem Fenster deutend, und beschreibt so auch die Klientel in seiner Nachbarschaft und zwar nicht nur die nach hinten raus. »Die Umnutzung war Notwehr.« Ein schöner Politikersatz, der lange nachhallt und alles Mögliche meinen kann.

Wir wandeln durch das Kaminzimmer. Den weißen Ofen habe er aus einem französischen Schloss. Ich wüsste gern, ob das Marmor ist, komme mir mit dieser Frage aber peinlich kleinlich vor und hätte spontan auch gern etwas aus einem französischem Schloss in meinem Leben. Die Biedermeiermöbel stehen spärlich, aber dekorativ an den Wänden herum. K. B. hebt eine Münze hoch, setzt sie auf das Parkett und sie rollt zügig auf den adligen Kamin zu. »Die Möbel müssen alle mit Holzkeilen begradigt werden, weil es immer mal wieder Bergschäden gibt«, sagt er in sich hineinlachend. Das heißt, die ausgehöhlte Erde arbeitet noch, sackt hier und da zusammen, sodass alles krumm und schief wird. Auch der Boden einer Villa. Was das für die Fundamente der Stadt bedeutet, möchte ich mir gar nicht vorstellen.

»Wissen Sie, das ganze Ruhrgebiet wird ja abgepumpt«, fachsimpelt K. B. in meine Nachdenklichkeit hinein und meinen fragenden Blick genießend, sagt er: »Wir würden absaufen, wenn die Pumpen nicht Tag und Nacht laufen würden.« Auch eine Folge des Bergbaus, und das ganze Ruhrgebiet wäre ein See bei fehlender Pumpleistung. Meine Fantasie geht natürlich sofort mit mir durch und ich muss mir alle möglichen Arten von Stromausfällen vorstellen und was dann würde aus Gelsenkirchen, aus Ückendorf, der Bochumer Straße und der Bergwerksdirektorenvilla. Ein Ruhrgebietsmeer von Moers bis Hamm, von Marl bis Hagen! Nur die Kirchtürme schauten raus, die Flutlichtmasten, die Kuppen der Abraumhalden und die Räder der Fördertürme. Drei Enten schwimmen auf meinem welligen Vorstellungsvermögen, bis ich merke, dass die aus Holz sind und nur auf einer der hellen Vitrinen des Wohnzimmers von K. B. liegen und mich mit ihren aufgemalten Augen mitleidig ansehen.

Der Rundgang endet und mein Blick geht raus auf die Terrasse, wo unter Bäumen zwei Liegen rumlümmeln. Ein kleiner Springbrunnen, der aussieht wie ein Westentaschenaschenbecher, läuft rund, das heißt, ein unendlicher kleiner Wasserstrahl reproduziert sich permanent. Wir aber bleiben im Haus und lassen uns auf kleinen weißen

Ledercouchen nieder. Jeder hat eine. Der Kuchen wird serviert und der ostdeutsche Haken gesetzt. Fühl ich mich noch als Ostdeutscher? Ja, verdammt noch mal. Gerade hier auf diesem schiefen Fischgrätparkett fühl ich mich so ossig wie lange nicht.

Aber wenigstens werde ich gefragt und nicht, weil ich nicht sächsisch rede, als Westdeutscher abgebucht. So wie im Jahre 1991, da arbeitete ich den Sommer über als Krankenpfleger im Allgemeinen Krankenhaus in Hamburg Altona. Blöderweise wurde in diesem Sommer der Solidaritätsbeitrag von 7,5 Prozent für alle eingeführt, der natürlich auch mein Portemonnaie empfindlich traf. Die Schwestern und Ärzte wetterten tagelang, dass sie den Osten finanziell wiederaufrichten sollten, und vergaßen mich dabei völlig. Ich schimpfte natürlich nicht mit, guckte unauffällig, aber irgendwann fiel das dann doch einer der Krankenschwestern ein, dass ich ja aus der Zone komme. »Aber bei dir hört man das ja auch nicht«, sagte sie vorwurfsvoll. Dieser Satz wurde in den letzten dreißig Jahren immer mal wieder variiert. Im Wagenbach Verlag, in dieser Westberliner Altachtundsechzigeridylle, wo ich als studentische Aushilfe arbeitete und wo von Stephan Hermlin bis Wolf Biermann seitenweise Osten verkaufte wurde, sagte eine zu mir: »Ja, aber bei dir merkt man das ja auch nicht, dass du aus dem Osten kommst!« Ich wusste nicht richtig, ob das nun ein Lob war oder eine Beleidigung, und schieflächelte vermutlich.

So wie ich mir jetzt auch nachsichtig ein Lächeln zwischen die Wangen stecke, als K. B. behauptet, dass ja der Westen die Plattenbauten zuerst hatte, bevor der Osten damit in Serie gegangen ist. Endlich also haben wir einmal überholt, ohne einzuholen. Andreas Dresen konnte allerdings Teile seines Gundermann-Films vor ein paar Jahren im Ruhrgebiet drehen, weil es hier inzwischen aussieht wie die Gegend um Hoyerswerda kurz nach dem Mauerfall. Und wer dabei nun wen eingeholt oder überholt hat, kann ich gar nicht sagen. Es gibt jedenfalls bei K. B. keinen Groll auf die Brüder und Schwester jenseits der Elbe. Obwohl: »Nach dem Mauerfall ist die dritte und vierte Garde der Fachleute aus dem Westen in den Osten rübergegangen. In Gelsenkirchen haben wir da schlicht keine guten Leute mehr bekommen.« Es ist still zwischen uns und wir gucken beide am Flügel vorbei und über den Garten Richtung Bochumer Straße, wo gerade eine Straßenbahn vorbeirumpelt. Nur ihr blaues Dach ist über dem hohen Zaun zu sehen und darauf steht: »Glück auf«. Ich denke darüber nach, was die dritte und vierte Garde der Fachleute im Osten so angestellt hat und ob sie in Gelsenkirchen die Kohlen hätte aus dem Feuer holen können. »Vielleicht hat die Stadt auch ein Mentalitätsproblem?«, sagt K. B. und, dass ein Blick von außen nie schadet. Damit meint er mich, und mir fällt dazu nur das im Ruhrpott so viel zitierte »Woanders is auch scheiße« ein.

K. B. müsste hier nicht wohnen. Er hat noch eine 175-Quadratmeter-Wohnung in Düsseldorf. Nach ein paar Jahren als Oberstadtdirektor ist er in den Vorstand von RWE aufgerückt. Er kann die Fahrtzeiten zu den Theatern in der Umgebung aufsagen wie ein Gedicht. Bochum, Köln oder Düsseldorf. Alles unter einer Stunde. »Als wir die Villa damals denkmalgerecht renoviert haben, da freuten sich die Ückendorfer«, sagt er leise und dreht an seinen Glitzermanschettenknöpfen. »Heute sehen sie das als Bonzenvilla.«

Ich gehe über das schiefe Parkett zur Toilette und denke, dass man diese Stadt wollen muss. Dass K. B. und die Gelsenkirchener dahin gehen, wo es weh tut, um mal in der Fußballersprache zu bleiben. Der Türgriff am Klo der Bergwerksdirektorenvilla ist aus dicker weißer Plaste, wie in einer Zahnarztpraxis in Neufünfland der frühen Neunzigerjahre. Da muss der Denkmalschutz wohl ein Auge zugedrückt haben. Über dem Klo hängt ein gerahmtes Trikot von Schalke 04, beflockt mit K. B.s Namen und den Unterschriften der gesamten Mannschaft. Ich mache mir nicht die Mühe herauszufinden, welche Saison das war, weil es natürlich nichts erklären würde. Rein gar nichts.

FREMD

Vielleicht wird der Osten auch so gern und viel aus westdeutscher Sicht beschrieben, weil die Verhältnisse da so einfach sind. Jede Stadt hat jetzt ein renoviertes Zentrum. Das alte Fachwerk, die bröseligen Gründerzeitfassaden und selbst die maroden DDR-Stadtkernplatten wurden rausgeputzt, bis alles picobello aussah, aber eben auch wie aus Plastik. Ja Plastik, nicht Plaste. Die Dächer wurden gedeckt und die Geschäfte an H&M und Tchibo vermietet.

Am Stadtrand gibt es im Osten ein oder mehrere Neubaugebiete. Da wohnen die sozialen Probleme. Da gibt es Arbeitslosigkeit, Drogen und ein paar wenige aus fremden Ländern Zugezogene. Aber im Wesentlichen sind die ostdeutschen Städte hautfarbentechnisch rosa wie ein Feenkostüm. Nun muss man die Bewohner nur noch einteilen in die guten Demokraten und die bösen Nazis. Die ewig gestrigen Kommunisten spielen ja kaum noch eine Rolle. Dann muss man sich noch einmal fragen, wieso es so viele gibt, die mit einem Kreuz hinter dem Namen eines Antidemokraten kein Problem haben? Hm, wieso? Antwort: DDR, Diktatur, fehlende demokratische Erziehung. Zack, fertig ist der Vorwahlbericht über Finsterwinkel in Brandenburg oder Klöten in Sachsen-Anhalt. Haben die dort richtig viel Nazis gewählt, oder wenigstens 30 Prozent Nazis light, also AfD, dann gibt es noch einmal einen Nachwahlbericht, der aussieht wie aus den Vorwahlberichten zusammengeschnitten. Nur noch rat- und hoffnungsloser.

In Gelsenkirchen ist das anders. Es gibt kein Neubaugebiet, das diesen Namen verdient, aber dafür reichlich soziale Probleme. Im südlichen Teil, eigentlich überall. Ein Stadt gewordenes soziales Problem. Nur taucht das selten in den überregionalen Medien auf. Häufiger geht es in der Berichterstattung um den Strukturwandel und das Erreichte. In Städten, wo das einigermaßen funktioniert hat. Dortmund, Bochum, Essen. Von den Schlusslichtern Duisburg, Herne oder Gelsenkirchen hört und liest man weniger. Auch von den Zugewanderten und ihren Nachfahren ist nicht oft die Rede. Geht es im Fernsehen um die heutigen Originale des Ruhrpotts, dann ist das etwa eine uralte Kneipenwirtin in Bochum, die mal Hängebauchschweine im Hof hielt, eine etwas jüngere Currybudenbetreiberin in Waltrop mit hausgemachter Soße oder ein Ehepaar, das seit gefühlten hundert Jahren Schalke 04 in einer Gelsenkirchener Kleingartenanlage die Daumen drückt. Hautfarbe eindeutig Feenkostüm. Etwas dunklere Deutsche, die hier seit Jahrzehnten Restaurants betreiben, arbeitslos sind, als Anwältin oder als Zahnarzt arbeiten, die die Straße fegen oder auf der Straße leben, kommen in dieser Berichterstattung kaum vor. Die Kinder der eingewanderten Türken spielen in den Mannschaften der Ersten und Zweiten Bundesliga. Dreht das ZDF-*Sportstudio* einen Beitrag über den Vorstand der Vereine oder die Fans, sind sie in diesen Gruppen kaum zu finden.

Es gab mehrere Einwanderungsphasen aus Polen, Italien, der Türkei, Griechenland, Spanien, Portugal und Jugoslawien, als es noch Arbeit gab. Wer nach Gelsenkirchen zieht, findet schon seit Jahrzehnten kaum noch Arbeit, aber billigen leerstehenden Wohnraum. Von denen, die in den letzten Jahren weggezogen sind, der Arbeit nach oder einfach, weil es woanders doch weniger scheiße war als hier. Etwa hunderttausend verschwundene Einwohner waren das in den vergangenen fünfzig Jahren. So vermischen sich nun in letzter Zeit Kriegs- und Diktaturopfer mit Armutsmigranten aus Afghanistan, Syrien, dem Irak, Bosnien, dem Kosovo, Albanien und den EU-Ländern Rumänien und Bulgarien. Die Hautfarben in Gelsens Zentrum ergeben die ganze Palette. Dazu kommen Kopftücher oder andere Arten der Hauptbedeckung, die eine religiöse Zugehörigkeit anzeigen. Trachten aus Afrika, deren nationale Unterscheidung uns offenbar nicht interessiert, konkurrieren mit denen aus Südosteuropa, die uns genauso wenig interessieren, und es gibt noch jede Menge andere Bürger, die optisch aus dem Sauerland kommen könnten, aber deren Wurzeln dann doch wenigstens bis ans Mittelmeer reichen. Die Stadt kommt so auf Einwohner aus hundertdreißig Ländern. Es ist also kompliziert.

»Lass es sein, Sander«, nölt Schlüppi mich an. Er hockt auf dem Boden unserer Mansarde, vor ein paar auseinandergenommenen Messinggrubenlampen. Echte Püttlichter, die er den Dachgeschossbewohnern im Prenzlauer Berg verkaufen will. Für den fünffachen Preis natürlich. Langsam wischt er sich die öligen Finger ab und sieht mich an: »Vergiss das Thema einfach. Mach dir keine Mühe. So genau will das doch gar keiner wissen.«

Ich aber antworte standhaft: »Machst du Witze oder bist du bekifft?«

»Beides«, sagt Schlüppi und inhaliert einen tiefen Zug: »Mann, bei uns sind sie doch auch nicht so ins Detail gegangen. Wer kennt hier schon den Unterschied zwischen Sachsen und Sachsen-Anhalt. Der westdeutsche Rassismus ist eben subtiler als der unserer Haudraufnazis. Die kaufen seit Jahren bei Abdul ihr Gemüse und Bojana putzt ihnen illegal die Wohnung und dann tun sie so, als sei das Freundschaft. Wieso musst du dich mit den Eingewanderten beschäftigen, wenn das die Altbundesbürger selbst nur am Rande interessiert?«

Ich aber schlage mir mit einem rosa, fast schon feenkostümfarbenen Suhrkamp Taschenbuch vor das Herz, drücke den Rücken durch und antworte: »Erzählen ist Krieg, besonders, wenn man sich nichts ausdenken will.« Ich mache eine kurze Pause in Schlüppis Rauchausatmen und führe fort: »Sagt Enis Maci.«

Schlüppi antwortet mir, wie man einem Kind antwortet, das einfach nicht begreifen will, dass die Welt so ist, wie sie ist, nämlich rund und schön, aber eben auch eiskalt und tödlich: »Du denkst dir doch dauernd was aus, du Vogel. Muss ausgerechnet ich dich daran erinnern?« Dann macht auch er eine dramaturgische Pause, in der er nicht einmal mehr ausatmet, und sagt: »Außerdem kannst du dir nicht von Enis Maci helfen lassen, nur weil die Albanerin ist und auch mal in dieser hoffnungslosen Siedlung in Westmitteldeutschland gelebt hat.«

Aber da lass ich mich nicht drauf ein, denn Enis Maci ist gar keine Albanerin, sie ist in Gelsenkirchen geboren und aufgewachsen. Ihre Eltern, ihre Großeltern kommen von der östlichen Seite der Adria, aber sie ist Gelsen pur.

Ich stecke mir das Taschenbuch in die Hosentasche und gehe durch die Fußgängerzone ins Eiscafé *Graziella*. Da geht es schon los, denn das ist das falsche. *Eiscafé Europa* heißt Enis Macis Essayband, in dem sie es schafft, ihr eigenes Leben, ihre Herkunft, das Verhalten rechtsextremer junger Frauen, die Texte Ilse Aichingers mit den Filmen von Leni Riefenstahl, den Vorzügen der richtigen Wimperntusche und dem Song *Waterfalls* von TLC so zu verquirlen, dass ich manche Sätze beim Lesen mitsumme, bis ich an ihrem Ende merke, dass ich sie vermutlich gar nicht richtig verstanden habe, und noch einmal von vorn anfange. Das *Eiscafé Europa* gibt es in Gelsenkirchen heute gar nicht mehr. Ich bin also unterwegs ins falsche Eiscafé, um mich mit einer anderen Herkunftsalbanerin zu treffen, und die ist tatsächlich erst mit sieben Jahren nach Gelsenkirchen gekommen. Den Grund der Flucht will sie mir nicht verraten, das sei etwas Familiäres, und welches Recht habe ich auch, sie nach dem Grund zu fragen? Ich durfte bei meiner Wirtschaftsflucht vor dreißig Jahren ja schließlich mein Land mitnehmen. Sie ist 26 Jahre alt, trägt einen blauen Blazer und ein um den Hals geknotetes Tuch. Die Haare fallen ihr lang, schwarz und glatt über den Rücken und die langen Fingernägel sind knallrot.

Es ist nur so, die junge Frau, die sich da nach Feierabend Zeit genommen hat, um mir ihre Sicht der Dinge zu erklären, ist bei der AfD. Sie arbeitet als Referentin für die Landtagsfraktion dieser Partei in Düsseldorf und kandidiert für den Stadtrat in Gelsenkirchen. Sie bewirbt sich auch um einen Platz im Integrationsrat, eine Art internationales Kleinparlament: »Der Integrationsrat ist die politische Interessenvertretung aller Migrantinnen und Migranten in der Stadt. Er ist ein Fachgremium, in dem alle integrationspolitisch relevanten Themen behandelt werden. Die Beratungsergebnisse werden vom Rat und seinen Ausschüssen als eine wichtige Unterstützung angesehen. Die Mitglieder des Integrationsrates kennen die Wünsche und Erwartungen der Migrantinnen und Migranten häufig aus eigener Erfahrung.«

So steht es auf der Internetseite der Stadt und das leuchtet ja auch ein. Wer in diesen Rat will und auch wer diesen Rat wählen will, muss also außer Landes geboren sein oder wenigstens Eltern von wegwoher haben. Das trifft auf etwa 35 Prozent der Stadtbewohner zu. Wie viel Wähler aus diesem Kreis würden wohl die AfD wählen? Eine Partei, die vom Verfassungsschutz beobachtet wird, die offen rassistisch ist, für deren Bundestagsfraktionsvorsitzenden Vogelschiss-Gauland der Zweite Weltkrieg nur ein Kindergeburtstag war und der türkischstämmige SPD-Politikerinnen gern in Anatolien »entsorgen« würde. Die im Flügelstürmer Björn Höcke jemanden an ihrer ganz, ganz, ganz rechten Seite haben, den man per Gerichtsbeschluss Faschist nennen darf. Vielleicht sogar muss. Vermutlich sogar zu seiner eigenen heimlichen Freude. Ehrlich gesagt wählen genug Gelsenkirchener mit Nichtgermanenwurzeln die AfD, sodass meine Gesprächspartnerin und auch die zweite Parteigenossin mit litauischen Vorfahren dort einen Platz ergattern.

Die Frau von rechtsaußen stellt erst einmal klar, dass sie ihren Namen nicht in meinem Buch lesen will. Was ich ihr gern bestätige und was trotzdem lustig ist, weil es natürlich nur zwei Minuten braucht, um sich ihre Existenz zusammenzusuchmaschinen. Das sei ihr bewusst, sagt sie, aber sie eben auch nur eine Lokalpolitikerin und als solche möchte sie gern ohne die große Öffentlichkeit auskommen.

»Ihr letzter Roman spielt in Rostock«, sagt sie dann, schneidet ein Stück ihres Erdbeer-Crêpes ab und schiebt es vorsichtig auf die Gabel. »Haben Sie denn auch darüber geschrieben, dass die Ostdeutschen in Rostock applaudierten, als man dort Menschen verbrennen wollte?«

»Ja, ich habe über das Pogrom von Rostock Lichtenhagen geschrieben«, sage ich, »ein ganzes Kapitel sogar.« Und komme mir vor wie ein Schüler, der seine literarischen Hausaufgaben gemacht hat. Sie schwärmt auch wieder von Gelsenkirchen als Osten im Westen, meint damit aber dieses Mal die guten Wahlergebnisse ihrer Partei, die allerdings die 15 Prozent nicht übertreffen. Was in vielen Teilen Ostdeutschlands ja inzwischen leider eine Schlappe wäre. Bin ich eigentlich sauer darüber, dass der Westen immer nur Osten sein will, wenn es um Arbeitslosigkeit und Nazis geht? Ja, schon. Aber trotzdem sage ich tapfer, dass in den Teilen Vorpommerns, wo früher 30 Prozent NPD gewählt wurde, heute eben 30 Prozent ihr Hakenkreuz bei der AfD machen. Die Partei trage keine Verantwortung dafür, was ihre Wähler vorher gewählt hätten, bekomme ich als eisige Antwort im Eiscafé. Leider stimmt das ja auch.

Ich nippe an meinem alkoholfreien Bier und denke, dass das kein Gespräch im eigentlichen Sinne wird. Dass so viel über Ecken und Bande gesagt, formuliert und gedacht wird, dass wir nirgendwo zusammenkommen werden. Wir sitzen im *Graziella* unter abstrakten schwarz-weißen Ölbildern wie zwei Parallelen, die einen unsichtbaren rechten ausgestreckten Arm voneinander entfernt sind und die sich erst in der Unendlichkeit berühren werden. Vielleicht. Die Bedienung mit blassem Zopf und schwerem osteuropäischem Akzent fragt uns, ob wir noch zufrieden seien. »Ja, danke«, antworten wir, wie aus einem Mund. Immerhin.

Enis Maci, die fast genauso alt ist wie die Frau, deren Name nicht genannt werden darf, schreibt: »Es sind gerade diese Frauen, die rechten Sternchen, die ein weiches Warmes vermitteln, die hot und sweet und schlau sind und uns zeigen: Mitmachen lohnt sich – entweder man wird selbst so eine Superfrau oder man weiß solche Girls im Rücken.« Maci beschreibt mit diesem Satz rechtsextreme Influencerinnen, aber guck ich mir die Videos der AfD-nahen Desiderius-Erasmus-Stiftung an, wo meine Gesprächspartnerin als Gastgeberin beispielsweise die CDU-geflohene Vertriebenenfunktionärin und Stiftungsvorsitzende Erika Steinbach interviewt, finde ich ihre Aussage auch hier wieder. Maci schreibt aber auch: »Im Eiscafé Europa also zeigte Bleta mit der flachen Hand, Handfläche nach oben, auf meine Mutter und rief: Schaut sie euch an, schaut sie euch genau an und wir schauten und weiter: Was für eine *burrneshë*.«

Mein Eiscafégegenüber kann ich auch in dieser Beschreibung erkennen, wobei der Begriff *burnesha* den meisten Deutschländern vermutlich nicht geläufig ist. Also lassen wir uns das von Wikipedia erklären: »Als eingeschworene Jungfrau (oft auch *geschworene Jungfrau, Schwurjungfrau* oder *albanische Mannfrau*; albanisch *burrnesha oder virgjinesha*; englisch *sworn virgin*) wird auf dem Balkan eine Frau bezeichnet, die in ihrer Familie und in der Gesellschaft die Rolle eines Mannes übernimmt und dabei völlig auf sexuelle Beziehungen, Ehe und Kinder verzichtet. Die Frau legt vor den Ältesten der Gemeinde oder des Stammes einen Schwur ab und wird fortan als Mann behandelt. Sie trägt Männerkleidung und Waffen und kann die Position des Familienoberhaupts übernehmen. Hauptursachen für dieses Verhalten sind die Vermeidung einer ungewollten Ehe oder das Fehlen eines männlichen Familienoberhaupts.«

Die AfD-Frau trägt Hosen, an ihrer politischen Tatkräftigkeit besteht kein Zweifel und sie gibt sicher ein hervorragendes Familienoberhaupt ab. Aber sie ist natürlich keine Jungfrau im Sinne der Wikipedia, sondern mit einem Herkunftsdeutschen verheiratet und sie sagt, dass viele Mitglieder ihrer weltweit verzweigten Familie das so halten würden. Dass es leichter falle, sich in ein Land zu integrieren, wenn man jemandem aus diesem Land lieben und mit ihm ein Leben aufbauen würde. Klingt irgendwie gut, denke ich, und auch daran, dass ich mit einer Frau aus Westdeutschland verheiratet bin, und frage mich, ob ich mich durch sie leichter in Deutschlandeinigvaterland integriert habe oder aber, ob meine Frau durch mich den Osten besser versteht, wobei sie ja wiederum auch zu den Westdeutschen gehört, die die Ostdeutschen aus dem Prenzlauer Berg verdrängt haben. Quasi an meiner Seite. Leider haben wir es so nicht ins Dachgeschoss geschafft, durften aber immerhin im Viertel bleiben. Bin ich also Pocahontas und sie Captain Smith? Oder ist sie Mogli und ich bin Balu, der Bär?

»Thomas Mann war mir ein Anker«, sagt die Gelsenkirchenerin albanischer Herkunft dann ganz unironisch, und dass ihre Mutter ihr verboten habe, schon in der Grundschule, albanisch zu sprechen, was mit den vielen Kosovaren, die eine sehr ähnliche Sprache sprechen, nicht ganz leicht gewesen sei. Aber die Autorität ihrer Mutter und dieses Verbot hätten sie zu dem gemacht, was sie heute ist. Daher fordert sie ganz klar ein Deutschgebot auf Ruhrgebietsschulhöfen! Sie spricht auch davon, dass heute die Grundschulen Gelsenkirchens vor allem renoviert werden müssen, bevor man sie digitalisiert. »Es geht erst mal um Toiletten und Fenster.« Alles sei in einem erbärmlichen Zustand. Selbst wenn man die Stadt nur so oberflächlich kennt wie ich, fällt es nicht schwer, zumindest innerlich zu nicken. Dann sagt sie noch, dass ihr die Linken schon immer auf die Nerven gegangen seien. Diese ständig bekiffte Antifa.

Enis Maci schreibt, und es wäre in meiner Hosentasche nachzulesen: »Im Nachhinein betrachtet war unsere Jugend eine Aneinanderreihung exemplarischer Meilensteine: Kiffen auf dem Spielplatz, Dubstep-Partys in schwülen Kellern, missglückte Dates.« In der Armut, die sie beschreibt, bekam man als Supermarktkassiererin einen Schlaganfall an der Kasse und ging erst nach Feierabend zum Arzt: »Weil sich die Brötchen nicht von allein verdienen.« Klingt nicht nach dem großen Glück, aber immerhin ist erst mal nicht von Thomas Mann die Rede, später dann schon. Allerspätestens vermutlich in Leipzig, wo Maci literarisches Schreiben studiert, um dann Sätze rauszuhauen wie diese: »Was bedeutet es, *über* Leute zu schreiben? Was bedeutet es, *für* Leute zu schreiben? Kann man *über* Leute schreiben, ohne es auch *für* sie zu tun? Kann man *für* Leute schreiben, ohne *über* sie zu sprechen?«

Ich will über die Frau von der AfD schreiben, weil sie in dieser rassistischen Partei ist, auch wenn sie die Augen verdreht, wenn ich von Alexander Gauland rede, und sie natürlich nichts mit dem Flügel-Höcke zu tun haben will. »Ich bin Team Meuthen«, sagt sie mit fester Stimme und sicher nicht zum ersten Mal. Der ganze Landesverband NRW sei das, schiebt sie noch hinterher, und ich frage mich, wie man das abspalten kann, wie man mit Leuten zusammenarbeitet, von denen große Teile einen am liebsten aus dem Land schmeißen würden, egal, wie viel Thomas Mann frau nun gelesen hat. Die sich einen Staat à la Viktor Orbán, Donald Trump, Adolf Hitler oder Wladimir Putin wünschen.

Ich höre mir noch ein bisschen was über Gendergaga an, über die hohe Arbeitslosigkeit unter Migranten und über das Lieblingsthema der jungen Frau, den Kampf gegen den politischen Islam. Daher vielleicht auch der große Wunsch im Integrationsrat, den Ruf des Muezzins in der Stadt zu verhindern, auch wenn in Gelsenkirchen inzwischen zwanzig Moscheen stehen und andererseits während der Pandemie die vielen großen

Backsteinkirchen, egal ob reformiert oder katholisch, morgens um acht Uhr täglich bimmeln dürfen, dass es nur so scheppert. Vermutlich scheppert es so laut, weil die Kirchen so leer sind.

Aber so richtig reißt mich das alles nicht vom Eiscaféhocker. Viel interessanter finde ich da ein YouTube-Gespräch der Frau, deren Name nicht genannt werden soll, mit dem Vorsitzenden der Jungen Alternative NRW, der Jugendorganisation der Partei, Carlo Clemens. Unter dem Hashtag #rathausrebellen wird da über Schrottimmobilien geredet, über Kopftuchzwang bei Grundschülerinnen, über den Wunsch, selber Kinder ohne Kopftuch zu bekommen und ein Eigenheim zu besitzen. Aber dann bei Minute 52 kommt plötzlich Schwung in die Langeweile, als mein reales Gegenüber im Virtuellen plötzlich sagt: »Wir beide haben ja nun mal in einer Art und Weise einen Migrationshintergrund. Das ist so. Ich jetzt stärker als du. Aber Fakt ist, dass bei uns, so empfinde ich das zumindest, irgendwie andere Maßstäbe gelten. Ich habe manchmal das Gefühl, ach Gott, die arme Albanerin, die hat sich da nur verirrt.«

Kurze Eiscafé-Nachfrage über die Herkunft des forschen jungen Mannes wird mit dem Satz »Ich glaube, die Mama vom Carlo ist Malaiin« beantwortet. Dann geht's weiter zum Pädophilie-

Problem der Grünen, aber ich biege gedanklich noch einmal zu YouTube ab, wo sie sich über dieses falsche Mitgefühl ihrer Mitmenschen erregt, sie nicht als vollwertiges Mitglied in einer zu großen Teilen rassistischen Partei anzuerkennen, und zu dem Schluss kommt: »Ich habe das Gefühl, man entschuldigt das in einer Weise. Und ich frage mich an dieser Stelle, habe ich es da nicht mit waschechten Rassisten zu tun?«

Die Antwort ihres Jugendführers über seine Erfahrungen mit den Äußerungen der Wähler ist aber fast noch interessanter: »Der Arme hat sich da total verirrt und ist jetzt in einer Partei voller Rassisten gelandet, oder die fragen einen, ob ich total geistesgestört bin, weil ich nicht sehen könnte, dass meine Existenz widersprüchlich sei angeblich zu einem Engagement in der AfD. Aber ich habe bis heute nicht den rationalen Grund gesehen, warum Leute wie du und ich nicht in der AfD sein sollten. Warum muss ich, nur weil ich einen Migrationshintergrund habe, für Massenmigration sein?«

Und so gehe ich an diesem Abend mit einem inneren Rassismusvorwurf schlafen, der sich für mich allerdings ein paar Wochen später relativiert. Carlo Clemens ist inzwischen zum Bundesvorsitzenden der JA aufgestiegen. Gemeinsam mit dem Brandenburger Buddy Marvin Neumann, der erst twittert: »Andere weiße Europäer bzw. ihre Nachfahren könn(t)en Deutsche werden, Schwarzafrikaner aber nicht.« Außerdem müsse früher oder später auch mal in aller Schärfe gesagt werden: »Weiße Vorherrschaft ist okay.«

Damit kam er aber nicht mal bei den nationalsozialen Alternativen durch, weniger wohl, weil die das als falsch empfanden, eher, weil das Wasser auf die Mühlen des argwöhnisch beobachtenden Verfassungsschutzes gewesen wäre. Marvin aus Ostdeutsch-Brandenburg verließ die Partei, Carlo Clemens und die Frau, deren Name nicht genannt werden soll, aus tief im Westen sind geblieben. Ich denke: Freiheit ist eben immer auch die Freiheit des anders Aussehenden und dass das vielleicht noch vor dem Denken kommt. Aus ihrem Essayband erwidert die Gelsenkirchenerin Enis Maci: »Wunsch und Verwünschung liegen nah beieinander, wo sollen sie auch sonst liegen.«

AUSWÄRTSSPIEL

Wir flitzen, Schlüppi und ich. Raus aus dem Bergmannshaus in der Dickebank, durch den kleinen Vorgarten und dann auf die menschenleere Straße davor. Hinter uns keift Zonengabi, die einen Teppichklopfer schwingt, keine Gurke und brüllt: »Und lasst euch hier nicht mehr blicken, ihr Penner.« Aus den Nachbargärten werden Köpfe gedreht. Ich folge Schlüppi, wir rennen unter Bäumen, deren Blätter sich gelb färben, bis vor zum Flöz Sonnenschein, wo sich Schlüppi auf einen der Stühle vor der gleichnamigen Kneipe fallen lässt und pumpt wie ein Maikäfer. »Ey, die Alte«, sagt er und dann noch einmal: »Ey, die Alte«, so, als würde das alles sagen. Ich beuge mich vor, stütze mich auf den Knien ab und stoße zwischen drei Atemzügen hervor. »Was? Ist? Passiert?« Ich kam aus unserem Mansardenzimmer die Treppe hinunter, als die wilde Jagd begann, aber Gabis Gesicht ließ keinen Zweifel daran, dass auch ich besser das Haus verlassen sollte, und zwar schleunigst!

Schlüppi zündet sich zwischen zwei Japsern eine Zigarette an und hustet pflichtschuldig beim ersten Inhalieren. »Ey, die Alte«, sagt er noch einmal, und als ich mich dann neben ihm auf den Stuhl fallen lasse und ebenfalls das Angebot der freundlichen Kellnerin für ein kleines Bier annehme, sagt er noch: »Eigentlich war gar nichts. Die ging plötzlich ab wie …« Schlüppi sucht nach dem passenden Wort und streicht seine Zigarette an dem mit tiefgrauem Wasser und zahllosen aufgeweichten Kippen gefüllten ehemaligen Kartoffelsalatbehälter ab. »Ja, das hab ich ja gesehen«, sage ich und als das Bier gebracht wird, stoßen wir an und atmen in vollkommenem Einklang.

»Das fing ganz harmlos an«, sagt Schlüppi. »Ömer hat sich einen Kaffee gekocht in seinem kleinen Messingkännchen mit dem langen hohen Stiel. Da ist Kardamom drin und was weiß ich noch alles, und als Gabi mich fragte, ob ich auch einen will, habe ich gesagt ›Ja, aber lieber einen türkischen.‹« Schlüppi schiebt sich die Pilotenbrille hoch in die Haare und wischt sich über das Gesicht. »Mann, ich meinte natürlich so einen wie wir den im Osten immer trinken. Kaffeepulver in die Tasse, kochendes Wasser drauf, ziehen lassen, umrühren und fertig.« Aber als Ömer mitbekam, dass Schlüppi dieses Gesöff als türkischen Kaffee bezeichnete, wurde er wohl ausfallend, es fiel auch das Wort »Zonenkaffeenazi«, und Gabi stellte sich auf seine Seite. »Obwohl sie selbst seine süße Gewürzbrühe nicht mal trinkt, sondern auch immer türkischen, also, ich mein, ohne Filter.«

Ich habe dieses schwarze Wasser mit seiner torfigen Kaffeeschicht obendrauf schon mit Schlüppi getrunken, als er noch in seinem vollgemöhlten Jugendzimmer in Schwerin wohnte, später bei der NVA in Torgelow, wenn unsere Mütter uns am Besuchssonntag Mokkafix mitbrachten, und auch in unserer ersten gemeinsamen Wohnung in Berlin. Oder beim Zelten, wo wir das Wasser dann mit einem Tauchsieder erhitzten und die Becher aus Emaille waren. Ich trinke ihn heute noch klaglos mit ihm in seiner Küche in Weißensee, auch wenn ich inzwischen natürlich komplett auf Espresso und seine Brüder umerzogen wurde. Für Schlüppi aber bleibt diese heiße Tasse die einzige Art, Kaffee zu trinken, und inzwischen ist es eine Frage der Ehre. Ein Antrinken gegen das Vergessen.

»Alle haben doch bei uns dazu ›Türkischer Kaffee‹ gesagt. Alle«, sagt er und lehnt sich vor zu mir. »Du auch. Alle. Und jetzt kommt der und …« Er wischt sich den Bierschaum vom Mund. »Der ist ja noch nicht mal Türke! Also nicht mehr.«

»Beim Kaffee vermutlich schon noch«, gebe ich zu bedenken, und dass in der kleinen Bergmannsheimküche, in der Halloren Kugeln und Baklava die gleichen Rechte haben, bei diesem Getränk die friedliche Koexistenz wohl endet. »Wahrscheinlich zu Recht, immerhin haben die den Kaffee ja mehr oder weniger erfunden«, murmle ich und versuche, die Aufmerksamkeit meines ältesten Freundes auf das eigentliche Problem zu lenken, auf die Ursache von Gabis teppichklopferschwingender Wut.

»Ey, die Alte«, sagt Schlüppi und starrt vor sich auf den Bürgersteig. Und als ich schon vermute, dass der Ärger über seine Cousine genau dort zwischen den Pflastersteinen versickert, hebt er neu an: »Die hat sich dann da in so ein Frauending reingesteigert. Von wegen ich würde sowieso nie richtig zuhören. Ich wüsste immer alles besser und so. Egal was frau sagt. Und dann meinte sie, dass ich sie bei diesem *Titanic*-Titelfoto damals 1989 vorgeschoben hätte. Dass ich zu feige gewesen wäre, und überhaupt würden wir Kerle uns doch am liebsten über Frauen totlachen.«

»Und dann?«

»Sie sagte, was denn bitte wohl dagegengesprochen hätte, mich mit der Gurke in der Hand zu fotografieren, schließlich hätte ich neben ihr gestanden und hätte auch 'ne stonewashed Jeansjacke angehabt.«

Er sieht kurz zu mir rüber, stößt den Rauch durch die Nase wie ein Drache und hebt die rechte Hand.

»Was gar nicht stimmt. Hätte ich nie angezogen. Aber geschenkt. Gabi sagte, ich hätte mich ja auch als Zonenmirko im Glück (BRD) fotografieren lassen können, aber dazu wäre ich ja wohl zu feige gewesen, zu fein und eben auch genauso ein Frauenfeind wie die Jungs von der *Titanic*.«

Es ist das erste Mal seit Jahren, dass ich seinen richtigen Vornamen wieder höre. Mirko. So hat ihn eigentlich nur noch seine Mutter genannt und die ist inzwischen tot. Ich schlage ihm aufmunternd auf den Oberschenkel.

»Ja, mir ist Gabi neulich auch mit dem Thema gekommen. Frauen und so. Und dann hat sie mir ein Buch in die Hand gedrückt. *Alte weiße Männer* von Sophie Passmann. Da sollte ich ruhig mal reinschauen, würde nicht schaden.« Schlüppi nutzt diese Räuberleiter raus aus der Zonenmirko-Geschichte und fragt beflissen:

»Wer ist Sophie Passmann?«

»So eine junge Autorin aus Westdeutschland.«

»Aus Gelsenkirchen?«

»Ne, irgendwo in Bayern oder Baden ist die aufgewachsen, gerade 26 Jahre alt, und die hat sich, als sie noch jünger war, mit lauter älteren weißen Männern getroffen und die auf Sexismus, Geschlechterklischees, Machtmissbrauch und so abgeklopft.«

Schlüppi sieht mich ratlos an.

»Lauer Machtmacker, alles Entscheider. Robert Habeck, Kai Diekmann, Kevin Kühnert«, füge ich hinzu.

Schlüppi lacht los, aber bevor er sich so richtig über den Machtkevin von der SPD amüsieren kann, sage ich:

»Mann, Schlüppi, wir sind nicht dabei!«

»Wie, wir beide? So alt sind wir doch nun auch noch nicht!«

»Nein, aus dem Osten ist keiner dabei. Kein einziger ostdeutscher alter weißer Mann hat es in das Buch geschafft!«

Schlüppi zieht seine Pilotenbrille wieder vor die Augen und so sehe ich mein über fünfzigjähriges Gesicht in zwei kleinen Spiegeln vor einer Ruhrgebietskneipe. Es sieht genauso ratlos aus wie Schlüppis bebrilltes.

»Wir werden noch nicht mal als alte weiße Männer ernst genommen.«

»Mann, ey«, sagt er darauf und verschränkt die Arme. »Aber Castorf! Ich bitte dich. Lupenrein! Oder Joachim Gauck! Nicht mal Eduard Geyer, oder was? Was erzählen die den Weibern denn hier über uns?«

»So eine Jugend im Südwesten der Republik hinterlässt vielleicht wirklich Bildungslücken. In den Nachrichten sehen die eben immer die vielen weißen Macher aus dem Westen, wie sie überall koalieren, intrigieren und kommentieren. Wie sie in Autokonzernen die Abgaswerte fälschen lassen und Armeen in Konfliktgebiete reinführen oder ganz schnell wieder raus. Der Osten taucht da ja eigentlich nur am Ende auf der Wetterkarte auf, bei Landtagswahlen mit merkwürdigen Ergebnissen oder in der Naziberichterstattung.«

»Und als Kanzlerin!«

»Ja gut, aber die ist eben auch 'ne Frau.«

»Aber Gregor Gysi zum Beispiel. Der labert sich doch schon seit dem 10. November 1989 durch die verschiedenen Talkshows, dass sogar ich manchmal denke, der ist gar nicht aus dem Osten. Und er hat die SED so oft hin und her gewendet, dass die inzwischen selbst nicht mehr wissen, für was die eigentlich stehen, sich aber vermutlich immer noch von der rübergeretteten SED-Kohle finanzieren. Das ist doch eine akkurate Mackerleistung.«

»Vielleicht ist er zu niedlich. Vielleicht traut die junge westdeutsche Frau ihm einfach nichts mächtig Sexistisches zu, wenn sie ihn nur im Fernsehen sieht und im wirklichen Leben nie auf einen alten weißen Ostmann trifft. Der Direktor ihres Gymnasiums, der Dekan der Freiburger Uni oder der Intendant vom Hitradio Ohr in Offenburg, wo Frau Passmann volontierte, waren bestenfalls Frauen, aber keine Altmänner mit DDR-Background. Und wenn du ihn in der freien Wildbahn nie erlebst, dann denkst du vielleicht auch, den gibt es gar nicht.«

»So wie den Wolf in der Lausitz, meinst du?«

»Ja, genau!«

Und dann laufen wir Richtung Ückendorfer Straße und vor einem türkischen Friseursalon bleibt Schlüppi stehen und betrachtet drei zurückgelegte junge Männer, die sich ihre sehr kurzen schwarzen Haare und Bärte noch ein bisschen kürzer schneiden lassen. Schlüppi legt mir den Arm auf die Schulter und sagt: »Weißt du, was, Sander. Ich hätte so richtig Lust auf eine Männersause. Weißt du, einfach mal von Kneipe zu Kneipe ziehen, und gut ist es. Bisschen rauchen, bisschen saufen, bisschen quatschen. Fertig.«

Als ich eher zögere als jubele, fügt er hinzu:

»Komm, wir fahren zur Schalker Meile. Da wollte ich schon immer mal hin. Mann, wenn man das immer im Fernsehen sieht. Fußball, Bier und gute Laune!«

»Ist Corona, Schlüppi. Es dürfen keine Fans ins Stadion! Heute wird ja noch nicht mal gespielt. Und selbst wenn, Schalke verliert und verliert. Die verlieren gegen alle.«

»Ach, egal, es muss ja nicht so voll wie bei einem Champions-League-Spiel sein. Wir fahren da jetzt hin. Hier ein Bierchen und da eins und dann mal hören, was die königsblauen Jungs so erzählen.«

Die Schalker Meile ist nur achthundert Meter lang, wenn es hochkommt. Und sie liegt in Schalke, nicht auf Schalke, sondern in dem Stadtviertel, das dem Verein und irgendwie der ganzen Stadt den Namen aufgedrückt hat. Als der Laden noch brummte, als aus der Zeche Consolidation das schwarze Gold ans Tageslicht gefördert wurde und die Schalker Eisenhütte befeuerte, war das eine der meistbefahrenen Straßen der Stadt. Und ist es auch heute noch, nicht mehr wegen der Arbeit, sondern weil sie von Nord nach Süd führt. Wer von Ückendorf nach Buer will oder von Bochum nach Dorsten, fährt hier über die Berliner Brücke, die seit 1964 die Schalker Industrie überspannte und zu deren Eröffnung der Regierende Bürgermeister Westberlins Willy Brandt damals sagte: »Das ist ein Geschenk an Berlin, das in Gelsenkirchen bleibt.« Heute wollen dieses Geschenk selbst in Gelsenkirchen viele nicht mehr haben, und in der Stadt wird der Abriss dieser Stahlbetonbrücke diskutiert, weil ohne Zecheneisenbahn darunter und Industrie drum herum spannt sie sich nun fast umsonst.

Schlüppi und ich steigen aus der Straßenbahn, die mittig zwischen den zweispurig dröhnenden Autos fährt. Ein paar Fenster der Schalker Meile sind von Fanclubs geschmückt worden, aber auf der Straße ist kaum ein Mensch, und die meisten Türen der Ladengeschäfte sind geschlossen. Kneipen sucht man vergebens. Schlüppi läuft mit hochgezogenen Schultern und sagt mit fester Stimme: »Hier muss doch irgendwo der Schalker Markt sein.« Ich zögere kurz mit der Antwort, weil, klar, der Schalker Markt ist der Anfang von allem, ist der Gründungsort des FC Schalke 04, aber dann antworte ich doch gegen den vor mir laufenden Jeansjacken-Rücken: »Das ist heute ein Parkplatz.« Was natürlich eine Tragödie ist, aber Schlüppi zuckt nur kurz und dreht sich nicht zu mir um.

Neben uns quietschen Bremsen und beschleunigen Boliden, die Straßenbahn rumpelt beständig von Nord nach Süd und umgekehrt. Es gibt eine Fahrschule hier, die sich stolz Blau-Weiß nennt, und ein Reinigungsunternehmen, das sich die gleichen Farben gegeben hat. Außerdem einen geschlossenen Afro-Shop und ein verschlossenes russisches Zentrum, in dessen Schaufenster ein Pflegedienst auf Deutsch und in kyrillischen Buchstaben Haushaltshilfen sucht: »Man erwartet von Ihnen: Zuverlässigkeit, Pünktlichkeit und Freude an der Arbeit.«

Schlüppi bewegt die Lippen, während er das liest. »Freude an der Arbeit! Wenn das mal nicht zu viel verlangt ist«, sagt er und geht dann ein Stück weiter zum ehemaligen Zigarrenladen von Ernst Kuzorra und Stan Libuda, den die beiden Schalker Fußballgötter des letzten Jahrhunderts nach der Karriere und nacheinander führten und wo der Verein jetzt einen Fanladen eröffnet hat, weil heute kein Mensch mehr einen Zigarrenladen braucht. Der macht am Dienstag wieder auf, aber heute ist nicht Dienstag. Im Schaufenster steht ein Strauß Primeln, links und rechts daneben liegt ein Sitzkissen mit einem S04-Bezug. Schlüppi zieht die Schultern hoch, als würde er frieren. Ein junger Mann in Jeans, rotem Poloshirt und Lederjacke will an uns vorbeigehen, doch bevor er das kann, dreht sich Schlüppi um und brüllt fast: »Was ist denn hier los? Was ist denn mit Schalke?«

Der Mann hebt abwehrend die Arme und sagt entschuldigend: »Romania.«

Aber als Schlüppi noch einmal flehend fragt:

»Aber was ist denn mit Schalke 04?«, wirft er seine dunklen Haare zur Seite und sagt grinsend: »Ah, Schalke 04! Schalke gut. Barcelona besser.« Dann geht er grinsend weiter und Schlüppi sieht ihm wortlos nach, als wüsste er ein Geheimnis, das er nicht bereit war zu teilen.

Er folgt dem Mann ein Stück und bleibt dann vor einem komplett leeren und halb zugeschotterten Grundstück stehen, auf dem ein großes blaues Schild stolz verkündet: »Beseitigung von Problemimmobilien«.

Aus Schlüppis Gesicht wird ein Fragezeichen und ich erkläre ihm die Sachlage: »In Schalke wohnen heute vor allem Südosteuropäer. So werden sie offiziell bezeichnet. Gemeint sind vor allem Rumänen und Bulgaren.«

Schlüppi nickt, als würde er etwas verstehen, und fragt dann doch verständnislos: »Und deshalb werden die Häuser abgerissen?«

»Nicht alle«, sage ich. »Nicht alle. Nur sogenannte Schrottimmobilien, die wiederum offiziell als Problemimmobilen bezeichnet werden. Die wurden vor ihrem Abriss wie Wohnheime an einige der Südosteuropäer vermietet, die wiederum häufig im Ruhrgebiet einer illegalen Arbeit oder der Prostitution nachgehen. Da sie aber EU-Bürger sind, kann ihnen der Zuzug nicht verwehrt werden.«

Auf dem Schild steht weiter, dass diese Maßnahme vom Bundesministerium des Inneren für Bau und Heimat finanziert wird, und auch das Ministerium für Heimat, Kommunales, Bau und Gleichstellung des Landes NRW dafür sein Schatzkästchen geöffnet hat.

»Ganz schön viel Heimat, dafür, dass hier kein Haus mehr steht«, sagt Schlüppi und deutet auf eine weitere Lücke mit identischem Schild auf der anderen Straßenseite.

»Aus unseren ehemaligen RGW-Bruderländern Rumänien und Bulgarien kommen natürlich nicht die gut ausgebildeten Ärztinnen und Krankenpfleger, die gehen nach Hamburg, Köln oder Berlin, sondern eher die Ärmsten der Armen. Und einige finden hier auch eine offizielle Wohnung und einen offiziellen Job, aber viele werden in Matratzenlagern in diesen Schrottimmobilien kaserniert. Bis die dann als Lösung des Problems abgerissen werden.«

»Krank«, sagt Schlüppi und zu dem komplett gelb gestrichenen Haus in der Mitte der Schalker Meile sagt er dann gar nichts mehr. Das Haus ist Borussia-Dortmund-Gelb gestrichen, und was die Gelsenkirchener davon halten, sieht man an den Duzenden königsblauen Farbbeutelflecken, die die Fassade zieren. Das Ladengeschäft im gelben Haus ist leer, wie viele andere auf der Schalker

Meile auch. »Kann man als Stadt auch einfach Pech haben?«, fragt Schlüppi und hebt die Hände hoch. »Vermutlich schon«, antworte ich.

Am Ende der Schalker Meile liegt die Glückauf Kampfbahn. Erbaut 1927 auf einem Zechengelände. Schalke 04 spielt hier nun schon fast fünfzig Jahre nicht mehr. Aber das Stadion steht da immer noch wie ein Mahnmal. Der Verein mit den großen Träumen zog lieber von Gelsenkirchen-Schalke nach Gelsenkirchen-Erle in Richtung Buer. Direkt neben dem verschlossenen Tor dieser Mutter aller Stadien steht die einzige Kneipe der Schalker Meile, die auch heute noch Bier verkauft. Alle anderen sind dicht. Verschlossen. Verschwunden. Fahles Licht fällt auf die leeren Holzbänke davor und Schlüppi sieht mich flehend an. »Wie viel Leute sind da jetzt drin?« Der graue Himmel über uns verliert an Licht, es ist halb fünf und eigentlich eine ganz gute Zeit für ein Pils. Aber ich will ehrlich sein. »Vielleicht vier, vielleicht fünf. Und viel voller wird das heute auch nicht mehr. Wenn Schalke spielt, ja. Aber sonst?! Eher tote Hose. Da drinnen kannst du allerdings eine Plakette am Stammplatz von Ernst Kuzorra besichtigen. Der hat Schalke 1934 trotz Leistenbruch zur ersten Deutschen Meisterschaft geschossen.« Schlüppi dreht sich wortlos um: »Das schaffe ich nicht«, sagt er und das habe ich ihn noch nie vor einer Kneipe sagen hören.

Also ziehe ich ihn am Arm und sage: »Komm, ich zeig dir noch was. Das wird dir gefallen.« Und er lässt sich mitziehen. Wir fahren ein Stück Straßenbahn über die Autobahn, den Rhein-Herne-Kanal und die Emscher bis auf Höhe der glänzenden Veltins-Arena, wo Schalke in dieser apokalyptischen Saison ohne einen einzigen Zuschauer seine Heimspiele verliert. Aber dann gehen wir genau in die entgegengesetzte Richtung, vorbei an Mietshäusern, Autowerkstätten und einem abgemähten Feld, bis wir vor einem Friedhof stehen. Schlüppi geht neben mir und wäre mir wohl überallhin gefolgt. Ein paar Meter hinter dem Friedhofseingang gibt es einen zweiten, ohne Tor, dafür wird dieser von zwei Fahnenmasten eingerahmt. An deren Spitzen wehen mannshohe königsblaue Schalke-Fahnen. In der Mitte des von Bäumen umrahmten Areals stehen auf einem kleinfeldgroßen Rasen zwei Tore und im Anstoßkreis leuchtet das riesige Vereinswappen in Blau und Weiß. »Das Schalke-Fan-Feld«, sage ich und Schlüppi nimmt seine Sonnenbrille ab, wie man einen Hut in der Kirche abnimmt, mit einer langsamen, zögernden Bewegung, und lässt seinen Blick über diese Gräberfläche schweifen. Sieht mich an und dann noch einmal in Richtung Fußballfeld des Todes: »Das glaube ich nicht, Sander. Das hast du dir ausgedacht. So etwas gibt es nicht.«

Doch dann schreitet er mit mir die Fangräber am Rande ab. »1904 Grabstätten gibt es hier. Wegen des Gründungsjahres«, sage ich und Schlüppi antwortet: »Die spinnen, die Schalker.« Die Namen der Beerdigten sind in eine sechseckige Marmorplatte graviert, die an eine Meisterschale erinnert. Meister der Herzen bis in den Tod. Wir betreten den Rasen des betorten Sportfeldes in der Mitte. Das Weiß des S04-Wappens ist mit verblühenden Rosen gestaltet und königsblau leuchten Glasscherben dazwischen. Schlüppi geht vor einer davor eingelassenen Tafel in die Knie. »Adolf ›Ala‹ Urban« ist drauf zu lesen und »Deutscher Meister 1934, 35, 37, 39, 42«.

»Gestorben 1943«, murmelt er und eine Stimme hinter uns sagt: »Ja, den hamm se extra in Russland aufm Soldatenfriedhof ausgebuddelt und dann hier inne Rabatten reingebettet.« Wir fahren beide herum. Vor uns sitzt eine alte Dame. Mir fallen als Erstes ihre bronzefarbenen Treter mit weißer Sohle auf und dann, ob »Dame« nun das richtige Wort ist oder doch lieber »alte Frau«. Achtzig ist die sicher. »Wer hat den ausgebuddelt?«, fragt Schlüppi und sie antwortet. »Ach, der Schlachtermeister aus Gütersloh persönlich is da hingeflogen. Der Schalke-Boss, nun ja auch schon wieder Exboss seit 'n paar Wochen. Möchte ich nicht wissen, wat genau sie da noch für Gebeine gekricht hamm nach siebzig Jahren. Aber einer aus 'm Schalker Kreisel sollte eben rein inne Mitte von dat Ganze. Und der Ala war einer von die ganz Großen.«

Es gibt keine Bänke auf diesem Schalker Fanfriedhof und der Schlachtruf »Sitzen is fürn Arsch« bekommt so noch einmal eine neue letzte Bedeutung. Aber das Ehrenfeld mit Toren in der Mitte wird umrandet von kniehohen Gitterkäfigen, in die man faustgroße Steine gefüllt hat. Warum auch immer. Darauf sitzt die Dame und hat den Allerwertesten geschützt mit einem Schalker Sitzkissen, das schon viele Spiele gesehen haben muss. Meinen Blick richtig deutend, sagt sie »Dat is von meinem Dicken, dat is dat Einzige, wat der mir vererbt hat, der Schrapphals. Na, geliebt hab ich ihn trotzdem.« Schlüppi legt die rechte Hand vor die Brust, beugt sich leicht vor und fragt tatsächlich: »War das Ihr Gatte?« und da lacht sie los, laut und kehlig, und Schlüppi lacht zögerlich mit.

»Mein Gatte! Hömma, ne. Dat war der Uschi ihr Gatte, aber is ja nun auch egal. Nun liegen se beide dahinten vorm Zaun und ich hock hier lurich.«

Schlüppi setzt sich neben sie und ich mich wieder neben Schlüppi und dann greift sie in ihren Baumwollbeutel und fummelt ein kleines Bier hervor. Und dann noch eins und noch eins. Schlüppi öffnet die selbstverständlich mit dem Feuerzeug und strahlt. »Na, das ist ja ein Service.«

»Könnt ihr Hilde sagen, wenn ihr wollt, oder auch Omma Hilde, sagen auch viele, wobei dafür seid ihr eigentlich zu alt.«

»Ja, wir sind alte weiße Männer«, sagt Schlüppi und nickt zufrieden: »Und Sie trinken immer schön drei Bierchen aufm Friedhof?« Er beugt sich vor und wirft noch einen prüfenden Blick auf ihren leeren Beutel, aber Hilde kontert: »Ne, du Flappmann. Eins is für mich und eins is immer für meinen Dicken und eins für seine dusselige Uschi. Da wolln wir mal nich so sein.«

»Habt ihr zu dritt gelebt?«, fragt Schlüppi.

»Ne«, sagt Hilde. »Die Uschi wusste gar nicht, dat et mich gibt. Glaube ich zumindest. Ich war nur dat Auswärtsspiel vom Dicken.«

»Wie das?« Schlüppi positioniert seinen Hintern neu auf den Metallstreben und spitzt die Ohren.

»Na, immer wenn seine Schalker irgendwo anders den Rasen kaputtgetreten hamm da isser dann nich mehr mit seine Jungens mitgefahren, wie früher, sondern schön nach mir gekommen.«

Sie nimmt einen kleinen Schluck aus der Pulle, streicht über den Flaschenhals und sieht über das Gedächtnisspielfeld in die Kronen der Bäume. Irgendwo da lacht ein Grünspecht.

»Dat 6:6 im Pokal gegen die Bayern. Könnt ihr

euch da noch dran erinnern? Da war der Olaf Thon erst siebzehn Jahre und hat drei Buden gemacht. 1984. Ja, da ging dat mit uns los. Da hat er mich dat erste Mal geküsst.«

Schlüppi sieht mich an, grinst und dann wieder rüber zu Hilde. »Und wie darf man sich das dann vorstellen? Also konkret?«

»Dat kannste dir sehr konkret vorstellen. Dat will ich dir sagen.«

Sie stößt mit Schlüppi an. Aber sie trinkt nicht, sondern lässt die Flasche in ihren Schoß sinken und pult am Etikett herum.

»Na, erst mussten wir natürlich immer dat Scheißspiel gucken, und später dann hab ich uns wat gekocht. Flattermann mit Pommes mochte er oder Löwenköttel mit schön Buttermöhrchen bei. Der war da nich quisselig. Und danach kam dann der gemütliche Teil. Dat war dann aber gemütlicher, wenn Schalke gewonnen hatte, sonst hatte der Dicke auch schon ma ein im Timpen vor lauter Frust und is aufm Soffa eingepennt.«

Sie zieht sich ihren beigen Hut fester auf die kurzen grauen Haare und seufzt.

»So war dat. Und wenn die Schalker richtig weit wech gespielt hamm, in Freiburg oder in Rostock oder so wat, dann isser auch mal über Nacht bei mir geblieben. Aber sonst immer zurück nach seine Uschi. All die Jahre.«

Wir seufzen mit.

»Und sollte denn nie mehr daraus werden?«, fragt Schlüppi.

»Ach, der kam doch nich von seine Hippe wech. Auch wegen die Blagen. Wobei einmal hat er mir sogar 'n Antrag gemacht. Als die Eurofighter den Pokal in Mailand gewonnen hamm. Da hamm wir bis in die Puppen gefeiert und er war immer am Knutschen und am Flennen und sachte, dat ich nu seine Mimi werden soll. Mit allet Drum und Dran. Wat hat der mir da ein Kotelett anne Backe gelabert. Aber denn war doch wieder nur Hängen im Schacht. Und et blieb eben beim Auswärtsspiel mit mir. Schlecht war dat ja auch nich.«

Schlüppi legt den Arm um Hilde, drückt sie einmal an sich ran und sie lässt sich drücken.

»Gut, dat er dat nich mehr miterleben muss. Wie die Schalker getz mit Schmackes inne Zweite Liga rauschen. Aber vielleicht machen dat die Mädchens ja bald besser.«

»Die Mädchens?«, fragen Schlüppi und ich wie aus einem Mund.

»Ja, seit dieses Jahr hamm se ja nu auf Schalke tatsächlich 'ne Frauenmannschaft zusammengefrickelt. Kreisliga A spielen die. Gut, da haben die in Potsdam und Wolfsburg mit ihren Mattkas inzwischen schon 'n paarmal die Champions League eingesackt. Aber wat wiste machen? Besser spät wie nie, ne. Die Mädchens kicken auch wieder inner Glückauf Kampfbahn und vielleicht kriegen die dann ja ma wat gebacken.«

Sie steht auf, klopft ihr Schalke-Kissen aus und steckt es in den Beutel.

»Nu gebt ma eure Püllekens wieder.« Damit geht sie dann Richtung Zaun und gießt die verbleibenden Reste auf die Überreste ihrer großen Liebe.

»Die Uschi hat heut ma nix gekricht. Muss ja auch ma gehen.«

Bevor sie sich verabschiedet, sagt sie noch: »Hat euch schon einer verklickert, wat Gelsenkirchen heißt? Also von früher aus gesehen?«

Doppelkopfschütteln unsererseits.

»Dat is die Kirche, wo sich die geilen Stiere tummeln. Hörma, da musste auch erst ma drauf kommen! Und getz wo wir die ärmste Stadt im ganzen Land sind, getz hamm se in Gelsenkirchen 'ne Frau zum Bürgermeister gewählt. Zum ersten Mal in all die Jahre. Vielleicht kricht die den Karren ja wieder ausm Dreck. Hat se auf jeden Fall zu tun. Glück auf, die Herren.«

Und dann geht sie langsam Richtung Ausgang und verschwindet zwischen den beiden Schalke-Fahnen. Schlüppi sieht ihr nach und reibt sich über die Oberschenkel. »Alter, was 'ne Lady«, sagt er kopfschüttelnd. Sein Blick bleibt zwischen den beiden schlapp herunterhängenden königsblauen Bannern hängen, die diese Endstation für Fußballfans von den Gräbern der Normalsterblichen trennen. Er sieht mich kurz an und sagt dann in die Friedhofsruhe: »Mit dem Osten hat dieser Westen doch überhaupt nichts zu tun.«

»Ne, das haben die ganz allein vor den Baum gefahren.«

»Außer die blühenden Landschaften vielleicht. Ich meine, alles, was an Infrastruktur und Industrie verschwindet, ist doch kurze Zeit später schon überwuchert. Vielleicht wird aus dem Ruhrgebiet so eine riesige Schlafstadt. Lauter Einfamilienhaussiedlungen mit Parks und Fahrradwegen dazwischen.«

»Und was machen die Menschen dann, wenn sie morgens aufwachen?«

»Ja gut, was machen sie im Osten? Verwalten, dienstleisten, verkaufen.«

»Nun schließ mal nicht von dir auf andere, Schlüppi! Außerdem gibt es das Ruhrgebiet ja eigentlich gar nicht. Die Pottler träumen seit einem Jahrhundert davon. Eine große Ruhrgebietsstadt mit mehr Einwohnern als Berlin. Gelsenkirchen, Herne und Essen grenzen zwar direkt aneinander, aber deshalb haben sie noch lange nichts miteinander zu tun. Essen liegt im Regierungsbezirk Düsseldorf, für Herne ist Arnsberg zuständig und Gelsenkirchen wird von Münster aus verwaltet.«

Schlüppi kickt einen grauen kugelrunden Kiesel auf das leere Tor des Schalke-Ehrenfelds. Der klackt gegen den Innenpfosten und dann ist es um uns wieder totenstill.

»Münster! Meine Güte, was hat die *Tatort*-Fachwerkkulisse mit dem hier zu tun?« Er deutet mit großer Geste über die Gräber, auch wenn er eigentlich die Stadt um uns herum meint.

»Das weiß ich ehrlich gesagt auch nicht. Früher wollte man das Ruhrgebiet nicht vereinen, weil man Angst vor der Macht von Millionen Arbeitern hatte. Vielleicht fürchtet man sich heute vor der gesammelten Ohnmacht der Armut?«

Und dann verlassen auch wir den Friedhof und er legt seinen Arm um mich. Kalte Feuchtigkeit liegt über dem abgemähten Feld und am Horizont kann man die leere Veltins-Arena sehen. Riesengroß und glänzend. Wie ein abgestreifter Ring Gottes, wie ein rundes gebrochenes Versprechen. Schlüppi drückt mich an sich, so wie er eben Hilde gedrückt hat, und sagt: »Ich glaube, wir sollten langsam mal wieder nach Hause fahren. Dann kannst du deinen Roman weiterschreiben und ich hätte auch so dies und das zu erledigen.«

Er riecht vertraut nach Zigaretten, Bier und feuchter Jeansjacke. »Ja, genau. Und den nächsten

Westdeutschen, der uns fragt, wo wir den Tag des Mauerfalls verbracht haben, der sich wärmen will am Lagerfeuer unserer Erinnerung und nichts wissen will vom Davor und Danach, den fragen wir: Und wo warst du, als in Gelsenkirchen die Lichter ausgingen? In der Stadt, die die Kohle geliefert hat für den Reichtum zwischen Hamburg und München?«

»Oder«, sagt Schlüppi und täuscht einen linken Haken an, »wir brechen ihm einfach das Nasenbein!«